생애설계와 진로탐색

• • •

고홍월 • 김태선 • 윤은희 • 이아라 • 이주영 • 인효연 • 정애경

KB191386

박영story

머리말

    최근 모든 분야에서 지식과 기술 발전에 따른 사회 변화와 직업 환경 변화에 대해 논의하고 있다. 미래 사회를 대비하기 위해 어떻게 하는 것이 적절한 대응인지를 논의하는 동시에, 오히려 현시대를 살아가는 청년들에게는 불안과 막연함을 심어 주고 있는 듯하다. 특히 전통적인 교육 제도에서 열심히 공부하고 미래를 준비하는 청년들에게 더욱 불안과 불확실성을 안겨 주고 있다. 이러한 상황 속에서 직업세계의 다변화, 획일적이지 않은 직업의 형태와 고용 형태로 인해 선택의 폭과 어려움이 더 커지는 것도 사실이다. 기성세대의 방식으로 조언을 해주는 것은 이제는 매력적이지 않을 수 있다. 결국, 지금의 청년들은 자신들 세대의 직업 가치관, 진로를 탐색하고 삶을 설계하는 방식을 찾아가야 한다. 사회 변화는 불안한 요소를 내포하고 있지만 동시에 새로운 세계와 새로운 기회가 전개되는 상황이라는 점에서 청년들에게 이 책을 통해 자신의 진로를 탐색하고 미래를 설계할 수 있는 역량 향상에 도움을 주고자 한다.

    누구에게나 진로를 탐색하고 직업을 선택한다는 것은 어려운 심리적 과정이라고 할 수 있다. 자신의 특성을 이해하는 것부터 수많은 직업과 직무에서 자신의 직업을 정한다는 것은 지속적이고 심리적인 경험의 결과라고 할 수 있다. 심리적으로 수용이 가능한 직업까지 접근하기에는 상당히 긴 시간과 행동적 노력이 필요하다. 하지만 그동안 우리 사회는 고도의 성장을 겪으면서 이러한 직업 선택의 어려움을 망각하게 하였다. 특히, 지금의 청년들은 이러한 어려움에 더 크게 직면하고 있다. 이 책에서는 적어도 다음과 같은 메시지를 전달하고자 한다. 진로를 탐색하고 직업을 선택하는 것, 자기 삶에 대해 설계하고 계획하는 것은 정말 너무 어려운 일이며, 불안하고 막연한 것은 당연하다. 그리고 지금 진로를 결정하지 못한 것은 전혀 문제 있는 것이 아니라, 탐색하고 심리적으로 숙성되어야 진로를 결정할 수 있기에 천천히 꾸준히 하는 것이 중요하다는 점을 안내하려고 한다. 저자들도 청년 시절에 진로를 치열하게 고민하고 살아왔기 때문에 이 책을 통해 청년들이 진로를 탐색하고 미래를 설계할 수 있도록 안내하고자 한다. 저자들은 대학원 학생 때부터 오랫동안 같이 공부하고 일해 왔으며, 방황하고 혼란 속에서 길을 찾아가는 경험을 해 왔기에 청년들에게 이 책을 통해 전하고 싶은 말, 경험을 바탕으로 독자들의 진로탐색을 돕고자 한다.

인생에는 지도 같은 안내서가 없다는 것을 누구나 알고 있다. 인생의 지도는 어디에도 제시되어 있지 않기에 우리 각자의 인생 지도는 자신만의 방식으로 만들고 수정할 수밖에 없다. 이 책을 통해 독자들이 자신만의 인생 지도를 그려 나갈 수 있기를 기대한다. 이 책을 집필하게 되는 가장 근본적인 이유 중의 하나가 청년들이 자신만의 인생 지도를 탐색하고 그려 나갈 수 있기를 기대하는 마음이다. 최근 청년들이 방황하고 진로에 대해 비관하는 모습은 너무나 마음 아픈 일이다. 특히 대학 교육의 변화에서 자율전공선택제가 시행되면서 대학생들의 진로 고민이 더 가중된 것으로 알려졌다. 고등학교 졸업 후, 그리고 직업세계 진입 전에 청년들에게 이 책이 작은 안내자 역할을 하기를 바란다. 다른 한편, 이 책이 편의상 대학생을 언급하고 있지만, 꼭 대학생에게 한정할 필요는 없다. 대학생이 아니더라도 충분히 활용할 수 있다는 것을 강조한다. 이 책은 대학 교재나 진로 탐색 비교과 프로그램 등에서도 활용할 수 있다. 교재로 활용할 경우, 교수자가 진로에 관한 이론적, 개념적 지식을 전달하는 동시에 진로를 탐색하고 설계할 수 있도록 지도할 수 있다. 또한 교수자가 없더라도 다양한 비교과 프로그램이나 활동 중심의 프로그램에서 이를 활용할 수 있다. 이 책은 자신을 찾아가도록 조언해 주는 멘토가 되고자 한다.

이 책은 총 5부 13장으로 구성된다. 제1부 '삶과 진로'에서는 2개 장으로 삶과 진로의 전반적 관계, 생애에서의 중요한 역할을 설명하고 있다. 제2부는 '자기 이해'로 4개 장에서 자신의 특성인 성격, 흥미, 적성, 가치관에 대해 구체적으로 알아볼 수 있도록 안내한다. 제3부 '직업세계의 이해'에서는 3개 장으로 미래 사회와 직업 환경, 직업세계에서 요구하는 역량과 직업정보 탐색을 중심으로 직업세계에 대해 안내한다. 제4부 '진로 계획 및 실행'에서는 3개 장으로 진로의사결정을 이해하고, 진로 목표 설정 및 계획, 구체적인 진로 준비 및 실행을 할 수 있도록 방법을 제시하고 있다. 제5부는 앞에서 탐색하고 준비했던 것을 종합하는 의미로 자신의 진로 자서전을 쓰도록 안내하고 있다. 진로를 고민하는 대학생의 사례를 통해 자신의 진로 상태를 점검하고 자신의 진로 이야기를 만들어 갈 수 있기를 기대한다.

이 책을 기획하고 출간하기까지 연구진의 노고가 정말 많았고, 저자들의 아낌없는 격려와 지지를 통해 이 책이 완성되었다. 그리고 이 책이 독자를 만날 수 있게 기회를 주신 박영스토리 노현 대표, 허승훈 팀장, 김용순 편집자에게 감사의 말씀을 드린다.

2025. 2.

저자 대표 고 홍 월

차 례

01 삶과 진로

02 자기 이해

03 직업세계의 이해

04 진로 계획 및 실행

05 진로 자서전

삶과 진로

생애설계와 진로탐색

1 행복한 삶과 진로

개요

　본 장에서는 행복한 삶에 대해 생각해 보고, 행복한 삶과 진로의 관계, 행복한 삶을 구성하는 중요한 영역에 대해 살펴보고자 한다. 이와 관련해서 다음과 같은 질문에 대해 생각해 보기를 권한다. 인생에서 어떤 삶이 행복한가? 여러분은 행복에 대해 어떻게 정의하는가? 일과 인간관계가 왜 행복의 중요한 영역인가? 행복과 자기실현은 어떤 관계인가? 나는 행복 실천 방법을 실행하고 있는가? 이러한 질문들은 삶의 전반에 관련되기 때문에 누구나 쉽게 답하기 어려울 수 있다. 그럼에도 이 장의 주제를 통해 행복한 삶에 대해 질문하고, 자신에 대해 성찰하고, 더 행복한 삶을 위해 미래에 대한 구상을 해 보도록 권한다. 그리고 행복한 삶을 위한 실천 계획 수립과 실천 행동 점검을 추천한다.

1. 행복한 삶의 의미

　우리는 행복한 삶을 추구하고, 행복한 삶을 위해 부단히 노력한다. 즉, 행복은 삶의 핵심적인 지향점이라고 할 수 있다. 누구나 행복을 추구하며, 행복은 보편적인 지향점이면서 개인의 가치에 따라 주관적인 지향점이다. 우리는 각자 여러 방식으로 행복을 추구하고 평생토록 행복한 삶을 살아가기를 희망한다. 일상생활 속에서 기쁨과 만족을 느끼고, 개인이 추구하는 가치를 실현하는 방향으로 행복을 추구한다. 그렇다면 행복은 무엇인가? 행복은 여러 행태와 여러 영역이 있다.

순간의 즐거움부터 평생 남는 기억, 심리적 만족과 사회적 성취, 가족이나 친구와의 친밀한 관계, 이 모든 것이 행복이라고 할 수 있다. 이와 같이 행복은 여러 모습으로 우리 삶 속에 존재하며, 삶의 과정 자체가 행복을 만드는 과정이라고 할 수도 있다. 즉, 행복을 멀리서 찾는 것보다 삶 속에서 만들어 가고 느끼는 것이 중요하다.

행복의 의미를 살펴보면 국어에서 '행복(幸福)'이란 복된 좋은 운수의 뜻이며, '행(幸)'은 다행, 기쁨, 운을 의미하고, '복(福)'은 편안하고 만족한 상태와 그에 따른 기쁨을 뜻한다. 즉, 다행과 복을 느끼며 곧 기쁨과 만족을 느끼는 상태가 행복이라고 할 수 있다. 영어에서 행복(happiness)은 'hap'에서 유래되어 우연과 행운을 의미한다. 즉, '행복'은 다행, 행운, 기쁨, 만족과 같은 긍정적인 감정 상태를 나타낸다.

그렇다면 우리가 생활 속에서 경험하는 신체적 건강, 정신적 안정감, 긍정적 정서, 타인과의 우호적인 관계, 학업과 직업에서의 성취감과 만족감 등이 행복의 구체적인 내용이라고 할 수 있다. 즉, 행복은 다양한 형태로 존재한다. 일시적인 감각적 쾌락, 오래 유지되는 심리적 만족이나 사회적 관계, 개인의 삶에 있어서 기본적인 신체적 건강과 경제적 풍족함 등이 모두 행복의 구체적인 영역이다. 또한, 지적인 영역에서 새로운 학습과 성공적인 문제 해결 등과 같은 지적·창의적 활동을 통해 행복을 느낄 수 있다. 때로는 삶의 의미와 목적을 발견하고 자신의 내면 세계에 대해 깊은 성찰을 하는 영적 영역의 모습 또한 행복을 추구하는 방식이라고 할 수 있다.

행복의 여러 영역은 각각의 특성이 있지만 결국 삶 속에서 서로 연결되어 있고, 조화로운 삶은 여러 영역의 행복이 균형을 이루고 있는 상태라고 할 수 있다. 또한, 생애 과정에서 사람들은 연령별로 시기에 따라 더 중요하게 추구하는 것이 다르며, 행복의 영역 또한 다르다. 각 시기에 따라 추구하는 가치가 다르고, 추구하는 가치에 따라 행복을 느끼는 영역 간의 비중이 다르거나 변화할 수 있지만, 어떤 영역이든 삶의 일부이므로 소홀히 할 만한 영역은 없다. 여러분의 최근 관심사나 추구하는 가치는 무엇인가? 생애 단계에 따라 행복에 대한 관심 영역이 어떻게 변화하였는가?

2. 행복한 삶과 진로설계

생애 단계에 따라 행복을 느끼는 영역이 다를 수 있는 것처럼 청소년 후기에서 성인기에 진입하는 단계에서 여러분은 무엇이 행복인가? 때로는 행복하지 않다고, 미래가 막막하여 울적하다고 느끼는 사람도 있을 것이다. 삶의 가치를 정립해 나가는 시기에 있는 청년들에게 미래에 대해, 행복에 대해 고민하는 것은 매우 중요하다고 할 수 있다. 행복은 살아가는 과정에서 만들어지는 것이며 행복하지 않은 순간이 있다 하더라도 충분히 행복한 삶을 만들어 갈 수 있다. 이 과정에서 중요한 것은 회피가 아닌 직면과 도전이고, 치열한 고민과 열정적인 노력이 있어야 행복한 삶을 만들어 낼 수 있다.

인생의 전 과정에 거쳐 삶에서 경험하는 다양한 역할을 충실히, 그리고 적절히 수행해 나가는 것이 진로의 여정이며, 이러한 과정이 또한 풍요로운 삶을 구성한다. 우리는 삶 속에서 자기개발을 통해 심리적, 사회적 역량을 향상하고, 주어진 삶의 역할을 자신과 사회를 위해 의미 있게 수행한다. 그렇기에 진로개발은 일과 직업을 포함하여 전체적인 삶 속에서 일어난다. 학업, 직업, 인간관계, 여가 등이 모두 포함되며, 진로개발을 통해 균형 있고 조화로운 삶을 만들어 갈 수 있으면 행복한 삶이라고 할 수 있다. 이 책에서 진로개발과 관련된 주제를 각 장에서 다룰 것이며, 본 절에서는 일과 행복, 사회적 관계와 행복, 자기실현과 행복을 더 구체적으로 살펴본다.

1) 일과 행복

일은 삶의 필수 요소이며 우리는 대부분 생애 기간에 거쳐 일과 관련하여 다양한 활동과 경험을 한다. 일은 행복한 삶을 만들어 가고, 건강하고 의미 있는 삶을 유지하는 데 결정적인 역할을 한다. 일의 개념은 좁은 의미에서의 직업부터 넓은 의미에서의 다양한 '일 경험'으로 이해할 수 있다. 전통적인 사회와 달리 급격하게 변화하는 사회에서 일이란 직업의 형태를 넘어 고용되지 않은 형태의 일, 개인이 의미를 부여하고 중요하게 생각하는 활동까지 모두 일이라고 할 수 있다.

비교적 최근 이론인 일의 심리학 이론(Psychology of Working Theory)에서는 일이란 임금 노동과 비임금 노동을 모두 포함한 개념으로, 인간의 생존, 사회적 기여, 자기결정성 욕구를 충족시키는 활동으로 일의 개념을 확장하였다. 일과 일 외적 경험들은 서로 밀접하게 관련되며, 삶의 주요한 영역이자 정신 건강을 유지하는 데 필요한 핵심 구성 요소라고 한다(Blustein 외, 2020). 일의 심리학 이론의 관점으로 보면 우리는 삶에서 일을 둘러싼 사회적, 개인적 맥락들을 통합하여 전인적 성장·발달을 지향하고 있다. 그래서 일할 수 있는 의지와 자유, 일과 관련된 환경에서 역량을 갖추고 적응적으로 일할 수 있기를 기대하고, 일을 만족스럽게 수행하는 것이 일과 관련된 행복이라고 할 수 있다.

전통적인 관점에서 일을 설명할 때 주로 직업에 초점을 두지만 일의 심리학 이론에서 주장하는 일의 개념은 개인이 생애 동안 중요하다고 생각하는 활동의 총체이다. 직업을 포함해서 일에 대한 개인의 가치 지향성이 중요하며, 비임금 노동 또한 중요한 의미를 지닐 수 있다. 그렇기에 개인이 삶에서 추구하는 행복은 일과 관련해서 직업, 사회 활동, 가족 돌봄 등을 모두 포함할 수 있고, 고용 형태 여부와 별도로 개인의 주관적인 가치에 따라 일을 선택하고 행복을 정의할 수 있다.

다른 한편 조직과 사회의 관점에서 보면 일이란 조직과 사회의 발전에 기여하고, 조직과 사회를 구성하는 각 개인의 성장과 역량 개발이 중요하다. 개인은 조직과 사회 발전에 이바지할 수 있을 때 더욱 만족과 행복을 경험하게 된다. 즉, 개인은 자기개발과 성장, 조직 및 사회에 기여하는 역할을 하고, 조직은 인재 개발과 적재적소의 인력 배치로 조직의 발전을 도모하는 것이 중요하다. 개인의 노력은 결국 조화로운 조직과 사회를 만들어 갈 수 있으며, 개인은 개인적 수준과 조직·사회적 수준에서 만족과 행복을 추구할 수 있다.

2) 사회적 관계와 행복

행복에는 사회적 관계 영역을 제외할 수 없다. 사회적 관계는 누구나 살아가는 데 필수적으로 경험하게 되는 영역이다. 사회적 관계는 삶의 전반에 영향을 미치며, 일과 관련된 경험에도 큰 영향을 미친다. 행복한 삶과 생애개발을 위해 사회적 관계를 이해하고, 다수의 사회 구성원과 우호적인 사회적 관계를 구축하는 것이 중요하다. 사회적 관계와 행복의 상호 관련성은 여러 측면에서 찾아볼 수 있지만, 여기에서는 일과 관련하여 사회적 관계와 행복에 대해 살펴보고자 한다.

우리는 성장 과정에서 일을 이해하고 일과 관련된 경험들이 중요한 사회적 관계와 관련이 있다는 것을 알게 된다. 일에 대한 가치 형성, 직업 선택 및 직업 환경에서의 적응, 이를 포함한 모든 경험이 사회적 관계와 관련이 있다. 특히, 긍정적 관계를 경험하는 사람이 더 행복을 느낄 가능성이 크다. 일과 관련된 다양한 경험 중에서 사회적 관계는 다음 두 가지 측면에서 중요한 의의가 있다.

(1) 진로개발과 관련된 관계의 이해

누구나 아동·청소년기의 발달 단계와 진로개발 과정에서 중요한 타인의 영향을 받게 된다. 개인이 타인과 관계를 맺는 중심에는 가장 가까운 부모와 가족들이 있다. 그리고 생활 속에서 접촉하게 되는 타인이 여러 측면에서 영향을 미칠 수 있다. 예를 들어, 교사, 또래 친구, 친인척 등을 포함하여 수많은 사람이 있을 것이다. 심지어 직접 접촉한 적이 없는 타인도 중요한 역할 모델이 되어 의미 있는 영향을 미칠 수 있다. 우리는 타인으로부터 어떤 영향을 받을까? 가장 가까운 가족, 지인으로부터 우리는 모방하고 관찰하면서 새로운 행동과 태도를 학습하게 된다. 반두라(Albert Bandura, 1973)의 사회학습이론에 따르면 새로운 행동[1])이나 태도는 모방 학습, 대리 학습, 관찰 학습의 세 가지 방식에 의해 학습이 된다. 모방학습은 타인의 행동을 따라 하면서 그 행동을 습득하는 것이며, 단순히 흉내 내기 같은 방식으로 행동을 익히는 것이다. 대리 학습은 타인이 어떤 행동을 했을 때 얻게 되는 결과를 보면서 그 행동과 관련된 결과를 보고 행동할지를 결정하는 것이다. 즉, 그 행동의 결과를 좋게 평가하면 그 행동을 하게 된다. 관찰 학습은 사회적 상황에서 타인의 행동을 관찰하고 기억에 저장하여 비슷한 상황을 만나면 그 행동을 하게 되는 경우이다. 사회학습이론에서 설명하는 행동의 학습을 보면

---

1) 행동이라는 개념은 바람직한 행동만을 의미하지 않는다. 여기에서 설명하는 새로운 행동의 학습은 외현적인 행동만을 의미하지 않고 사고, 인식, 태도, 행동 등을 모두 포함한 것을 의미한다.

우리는 매우 어렸을 때부터 부모, 가족, 주변의 사람을 보면서 그들의 인식, 태도, 행동 등을 여러 형태로 학습하게 된다. 그래서 부모의 인식, 태도, 행동 등은 매우 자연스럽게 우리의 의식과 행동 속에 나타난다. 여기에서 가족 이외에 타인의 경우, 직접 접촉하지 않아도 간접적인 상호작용으로 영향을 미칠 수 있다.

지금까지 우리에게 영향을 준 사람이 누구이고, 어떤 영향을 주게 되었는지를 살펴볼 필요가 있다. 특히 바람직한 태도와 행동인지, 그렇지 않은 태도와 행동인지에 대한 인식과 점검을 해 보는 것이 유용하다. 아동·청소년기는 가치관이 정립되지 않아 타인의 영향을 잘 구분하지 못했을 수 있지만, 성인이 된 지금은 어떤 것이 바람직한 태도와 행동인지를 명확히 구분할 수 있다. 따라서 타인으로부터 더 긍정적인 영향을 받고, 합리적 판단을 할 수 있는 의식을 갖는 것이 중요하다. 또한, 앞으로도 타인으로부터 여러 영향을 받을 수 있기에 사회적으로 바람직한 것에 대해 더욱 변별할 수 있는 능력을 갖춰야 한다.

특히, 진로 발달과 진로 선택 과정에서 우리는 부모, 친지, 선배, 또래 친구 등으로부터 역할 모델을 접할 수 있다. 다양한 사람들이 여러 형태로 다양한 영향을 주지만 영향을 받는 것은 우리가 어떻게 의미 부여를 하고 어떤 선택을 하는지에 달려 있다. 가족 등 친밀한 관계를 맺는 사람들로부터 그리고 좋은 멘토, 조언자와 같은 긍정적인 영향을 주는 사람들까지 모두 개인의 큰 자원이라고 할 수 있다. 이러한 점에서 대인관계 능력이 개인의 중요한 역량 중의 하나라고 할 수 있다.

(2) 다양한 역할 속에서 타인과의 관계

개인은 성장 과정에서 가족의 테두리에서 벗어나 다양한 타인과 사회적 관계를 맺는다. 유치원, 학교 등이 사회적 관계를 처음 경험하는 장면이라고 할 수 있다. 놀이, 학업 등 활동을 통해 타인과 여러 형태의 상호작용을 경험한다. 또래 친구, 성인인 학교 교직원, 친구들의 부모와 같은 다양한 사람을 접촉하고, 다양한 경험을 통해 이들과 직·간접적으로 상호작용한다. 이러한 관계 속에서 타인을 대하는 태도, 타인과의 의사소통, 상호작용하는 방식 등을 경험하게 된다. 아동·청소년기를 넘어 성인이 된 후에는 더 광범위한 사회적 관계를 맺고 가까운 동료부터 간

혹 업무나 필요한 용무로 만나는 사람까지 폭넓은 관계를 맺는다. 즉, 우리는 평생 수많은 이유로 수많은 사람을 만날 수밖에 없다. 예를 들어, 시민으로 행정기관에 가서 여권을 발급받거나, 대학생으로 기업에서 주최하는 활동에 참여하거나, 은행 직원과 금융 업무를 보거나, 기업 인사팀의 면접에 응하거나, 직업인으로 업무 협업을 하거나, 학부모가 되어 자녀의 담임 교사를 만나거나, 병원에서 가서 진료를 받는 등등 우리 삶 속에는 너무나 많은 관계가 존재한다. 다양한 관계 속에서 특히 직접 그리고 지속적으로 상호작용하는 관계는 삶의 많은 시간과 에너지를 투입하기 때문에 관계가 편할수록 행복감이 증가한다. 지속적인 관계가 아니어도 우리의 삶에 큰 영향을 끼치기 때문에 삶의 질, 삶의 만족감에 크고 작은 영향을 미칠 수 있다.

'말 한마디에 천 냥 빚을 갚는다'라는 우리 속담이 있듯이, 대인관계에서 의사소통 역량은 매우 중요하다. '말'이 대인관계 역량, 의사소통 역량의 한 형태이므로 여러 가지 상징적인 의미가 있다. 예를 들어, 대인관계 속에서 말이 '약', '독', '칼' 등과 같은 의미로도 표현된다. 말이 독이 되거나 칼이 되는 경우는 매우 위험하고 역기능적인 대인관계 패턴을 초래할 수 있다. 그러므로 대인관계 역량을 향상하기 위해 대인관계 능력을 계속해서 개발해야 한다.

대인관계 역량은 기본적으로 개인의 내적 특성과 밀접한 관련이 있다. 개인의 내적 특성이 다양한 관계 속에서 작용하고 타인과의 상호작용의 결과로 나타난다. 즉, 개인의 성격, 가치관, 자신과 타인에 대한 태도와 인식 등이 모두 대인관계 속에서 작용하는 요소이다. 예를 들어, 상대적으로 소극적인 성격이나 비관적인 성격의 사람이 타인과의 업무 협력에서 부정적인 태도를 자주 나타내면 동료와 협력적인 관계를 맺기 어려울 것이다. 타인에 대한 태도나 인식의 경우, 우호적인 태도를 보이는 사람과 적대적인 태도를 보이는 사람은 타인과의 관계에서 상호작용의 양상이 다를 것이다. 적대적인 사람은 타인에 대해 비판적, 공격적인 특성을 나타낼 수 있기에 타인으로부터 비우호적인 반응을 받게 된다. 반대로 우호적인 태도를 보이는 사람은 상대로부터 도움과 지지 등과 같은 우호적인 반응을 받기 쉽다. 또한, 개인의 정서적 인식, 공감 능력이 관계 속에서 큰 영향을 미친다. 자신과 타인의 감정을 인식하고 타인의 감정을 공감할 수 있는 사람의 대인

관계 패턴은 그렇지 않은 사람과 분명히 다를 것이다. 따라서 일을 포함한 다양한 사회적 관계 속에서 개인의 대인관계 능력, 의사소통 능력을 점검하고 끊임없이 개발하려고 노력해야 한다.

3) 자기실현과 행복

인간은 다양한 기본 욕구가 있다. 행복을 추구하는 과정이 욕구를 충족하는 과정과 밀접한 관련이 있다. 인간의 기본 욕구에 대해 여러 학자의 주장이 있다. 예를 들어, 매슬로(Abraham H. Maslow, 1970)는 생리적 욕구, 안전의 욕구, 소속과 애정의 욕구, 존중의 욕구, 자기실현의 욕구를 제시하였다. 또한, 인간의 기본 심리 욕구를 유능성, 자율성, 관계성이라고 제시하였다(Ryan & Deci, 2000). 이와 관련된 인간의 기본적인 욕구는 우리 삶의 여러 생활영역에서 반영된다. 그렇기에 자신과 타인으로부터 존중받고, 타인과의 친밀감 관계, 학업과 직업에서 성취감과 유능성을 느끼고, 삶의 가치에서 자기실현을 추구하는 것이 행복을 추구하는 과정이라고 할 수 있다. 기본 욕구는 누구나 충족시키고자 하는 욕구이며, 결핍되면 삶의 기본 요소가 불완전한 상태에 빠질 수 있다. 매슬로에 따르면 인간은 기본 욕구가 충족되면 더 상위 욕구를 추구하게 되고, 보다 성장과 발전을 위한 창조적 욕구를 추구하는 경향성이 있다고 한다.

자기실현의 욕구는 삶의 창조적인 원동력이며, 이러한 욕구는 진로를 개발하고 의미 있는 일을 하고자 하는 내적인 힘을 발현시킨다. 이를 통해 우리는 자신이 원하는 진정한 삶의 모습을 만들어 갈 수 있다. 앞에서 살펴본 것과 같이 일은 다양한 형태가 있기에 원하는 삶의 모습에 따라 일의 형태, 부여하는 의미, 삶에서 일의 비중이나 역할이 사람마다 다를 수 있다. 즉, 자신의 진로 포부나 삶의 지향에 따라 일, 학업, 여가, 사회 활동 등 여러 영역에 대한 자신만의 균형을 찾게 된다. 금전적인 보상이나 사회적인 명예를 추구하지 않는다고 해서 그 일이 의미가 없다는 것은 아니다. 사회적으로 이바지하는 일이라면 어떤 일이든 가치 있고, 의미 있는 일이며, 개인의 심리적 만족과 행복을 실현할 수 있다. 의미 부여를 하는 일인가가 더 중요할 것이며, 그 일을 가치 있게 만드는 것이 더 중요하다. 즉, 자기실현은 '나다운 나의 삶'을 주도적으로 살아가고 있는가에 관한 중요한 주제이다. 우리가 '나다운 나의 삶'을 살아갈 때 분명히 행복을 느낄 수 있을 것이다.

3. 행복 실천 방법

앞에서 행복한 삶이 어떤 의미를 지니는지, 행복과 관련된 중요한 삶의 영역은 무엇인지를 살펴보았고, 여기에서는 행복하기 위해 무엇을 어떻게 해야 할지를 더 생각해 볼 필요가 있다. 행복한 '나다운 나의 삶'을 추구하는 데는 여러 방법이 있다. 행복을 연구해 온 심리학자들의 견해에 따라 행복 찾기 방법을 고민해 보도록 하자. 셀리그먼과 칙센트미하이(Chris Seligman & Mihaly Csikszentmihalyi, 2000)는 즐거움, 적극성, 의미가 행복한 삶의 요소라고 하고, 칙센트미하이(Csikszentmihalyi)는 삶에 대한 자기 통제감과 하는 일에 대한 몰입이 행복한 삶의 요소라고 한다(최인수, 2005). 이를 종합해서 행복한 삶을 추구하기 위해 본 절에서는 다음과 같은 실천 방법을 추천하고자 한다.

1) 강점 인식과 자기개발

행복을 추구한다는 것은 매우 다양한 영역에서의 활동을 의미한다. 본 소절에서는 가장 기본적으로 자신의 강점을 정확히 인식하고 더 개발하기 위한 노력을 알아보고자 한다. 누구나 자신만의 특성이나 강점이 있다. 개인의 고유한 특성을 일반적으로 성격, 기질, 특질 등으로 설명하는데, 개인의 특성은 좋고 나쁨의 문제가 아니라 그 사람이 가진 자신만의 독특한 점이라는 의미이다. 이러한 특성들이 생활 속에서 어떻게 나타나는지에 따라 긍정적으로, 또는 부정적으로 작용할 수 있다. 이때 얼마나 유익한지에 따라 강점 또는 약점으로 구분할 수 있으나, 결국 개인의 특성은 상황과 맥락에 따라 강점이 될 수도 있고 약점이 될 수도 있는 것이다. 예를 들어, 조용한 성향의 사람이 사람들 눈에 잘 띄지 않게 자신의 역할을 묵묵히 하는 모습이라면 이것은 그 사람의 강점일 수도 있고 약점일 수도 있다. 그 사람이 처해 있는 상황에 따라 상반된 판단을 할 수 있기 때문이다. 소통과 업무 공유가 필요한 상황에서는 부정적이고 부적응적인 모습이겠지만, 개인이 책임감 있게 업무를 완수해야 할 상황이라면 매우 긍정적이고 적응적인 모습이라고 할 수 있다. 이처럼 우리는 가자 자신만의 고유한 특성이 있으므로 자신의 특성이 다양한 역할을 수행하는 과정에서 강점이 되도록 노력할 필요가 있다.

개인의 특성이 강점으로 적용하는 것은 분명하며, 또한 사람마다 각자 가진 강점이 다르다. 강점이란 그 사람이 다른 사람보다 더 우세한 특성, 또는 그 사람의 여러 특성 중에 상대적으로 더 우세한 특성을 의미한다. 이러한 특성은 사고, 감정, 행동에 반영되어 생활 속 여러 상황에서 긍정적인 결과를 만드는 데 작용하는 요소이다. 강점은 기본적으로 긍정적인 가치와 도덕적인 것을 지향하며 특정 상황에서 긍정적인 수행 결과를 만들어 낸다. 이와 관련하여 긍정 심리학을 주장하는 셀리그먼(Seligman, 2003)은 인간이 가진 성품과 강점을 강조하면서 이러한 성품과 강점들이 삶을 긍정적으로 변화시킬 수 있다고 주장한다. 셀리그먼의 이러한 관점이 지지를 받게 되면서 인간의 긍정적인 성품에 관한 연구가 활발해졌다. 그 중에서 권석만(2008)은 긍정 심리학에서 주장하는 긍정적인 성품의 공통적인 요소들을 추출하여 24개 성격 강점과 덕성을 제시하였다. 이 장의 마지막 부분인 적용해 보기의 자료를 활용하여 자신의 강점을 확인하기 바란다.

2) 자기결정성과 통제감

행복한 삶의 요소로 삶 속에서 일어나는 많은 일과 관련하여 스스로 결정할 수 있다는 자기결정성과 통제감이 중요하다. 예를 들어, 전공 선택이나 직업 선택과 같은 일에 대해 타인의 요구나 의지가 아닌 자신의 의지로 선택하고 결정하는 것이 중요하다. 대학생의 경우 특히 진로에 대해 모호하고 무엇을 할지 막막할 수 있다. 그렇지만 자신이 진정 원하는 것이 무엇인지를 알지 못한 상태에서 부모(또는 타인)의 권유를 비판 없이 받아들여 결정하면 후회하고 다시 방황하는 시간을 가질 수 있다. 인생에서 중요한 일들에 대해 스스로 탐색하고 원하는 방향으로 결정할 수 있다는 것은 매우 중요하고 꼭 필요한 행동이다. 중요한 일에 대해 만족스러운 선택을 하려면 당연히 충분한 이해와 정확한 정보 등에 기반하여 선택해야 한다.

자기결정성은 인간의 동기와 행동을 설명하는 개념이다. 자기결정성 이론(Ryan과 Deci, 2000)에 따르면 누구나 기본 심리 욕구를 갖는다고 한다. 기본 심리 욕구는 인간의 기본적이고 보편적인 심리적 욕구이며, 세부적으로는 자율성, 유능성, 관계성이 있다. 자율성은 개인이 스스로 무엇을 추구하고, 어떤 목표를 향해 어떻게 행동할 것인지에 대해 자유롭게 선택할 수 있다는 것을 의미한다. 자율성 욕구를 충족한 사람들은 자신의 판단과 의지에 따라 행동하며 자유로운 감정을 느낀다. 유능성은 개인이 자신의 능력을 확인하고 인정받고 싶어 하는 것을 의미한다. 우리는 학업, 직업 등 다양한 영역에서 자신의 능력을 확인하고 잘하고 있다는 느낌을 경험하고 싶어 한다. 유능성 욕구가 충족되면 만족감, 행복감을 느끼며, 좌절과 실패를 감내해낼 힘을 갖는다. 관계성은 다양한 관계에 대한 욕구이며, 공동체, 사회적 관계 속에서 소속감을 느끼고 정서적 교류에 대한 욕구를 충족시키고자 하는 것이다. 우리는 자율성, 유능성, 관계성과 같은 기본 심리 욕구를 충족하고자 노력하고 행동한다. 결국, 인간의 기본 심리 욕구가 충족되었을 때 우리는 자기결정성과 통제감을 갖고, 자신에 대한 것뿐만 아니라 관계와 처한 상황 속에서 만족감과 행복감을 느낀다.

다른 한편, 무엇을 선택하고 결정한다는 것은 여러 상황과 다양한 대안 중에서 가장 가치 있다고 생각하는 것을 고르는 것이다. 무엇을 선택한다는 것은 다른 많은 것을 포기한다는 의미이며, 선택과 포기는 동전의 양면과 같다. 선택 여부에 관한 판단 준거는 무엇인가? 이것은 매우 어려운 질문이고, 이 질문에 대해 고민하는 과정이 결국 삶의 과정이라고 볼 수 있다. 바른 선택이란 무엇인가에 대한 답 또한 오로지 나 자신에게 있다고 할 수 있다. 그래서 수많은 선택과 결정의 상황에서 타인에 의한 선택이 아닌, 자기결정성과 통제감이 우리를 바른 선택의 길로 안내할 것이다. 이 선택에 대한 책임 또한 우리 자신에게 있다.

3) 적극적인 도전과 몰입

행복한 삶을 위해 자기결정성과 통제감이 중요한 동시에, 계획을 구체적인 행동으로 실행하지 않으면 모든 선택과 결정은 무용지물이다. 그래서 깊은 성찰과 탐색에 이어 실천적인 행동이 필요하다. 행동의 필요성과 중요성은 누구나 알고 있지만, 실제 수행하려면 미루거나 주저하는 모습을 자주 보이게 된다. 무엇을 성취하려면 행동이 필수적인 요소이지만 행동을 방해하는 요소 또한 매우 다양하다. 실천 과정에서 행동을 방해하는 요소를 정확히 파악하고 방해 요소의 영향을 최소화해야 한다. 결국, 방해 요소의 영향을 받지 않고 실천 행동을 효율적으로 수행하는 것이 또한 자기 통제 능력이다.

행동을 방해하는 요소는 여러 가지 있다. 미루는 습관, 부정적인 결과 기대, 실패에 대한 두려움, 이전 실패 경험에서 오는 좌절감과 무기력, 이 모든 것이 행동을 방해하는 요소로 작용할 수 있다. 방해 요소들이 활성화되면 정신적인 에너지를 잘 동원하지 못하고 소극적인 태도와 행동으로 대처할 가능성이 크며, 이로 인해 결과적으로 더 안 좋은 결과를 얻게 된다. 이러한 모습은 실제 능력이나 역량을 발휘하는 데 방해될 수밖에 없다. 심지어 이러한 방해 요소를 직면하고 방해 요소가 자신에게 미치는 영향을 정확히 인식하는 것조차 두려운 일이 될 수 있다. 이와 같은 방해 요소를 제거하거나 대처하는 것이 무엇보다 중요하다. 더 정확하게는 방해 요소의 영향을 최소화하는 것이다. 특히, 좌절감, 불안, 실패에 대한 두려움 같은 감정은 쉽게 제거되는 것이 아니다. 다만 불안과 두려움을 느끼지만, 적극적인 태도와 행동을 통해 자신과 과업에 대해 도전하는 것이 중요하다. 여기에서의 적극적인 도전은 자신이 느끼는 부정적인 감정에 대한 도전이며, 동시에 수행해야 할 과업에 대한 도전이다.

행동을 이해하는 데 학습된 무기력(learned helplessness)(Seligman & Maier, 1967)이라는 개념이 매우 유용한데, 이 개념은 사람이 무엇을 직면할 때 경험하는 회피 경향성을 잘 설명해 주고 있다. 누구나 실수와 실패를 경험하지만 이런 경험을 했다고 해서 모든 사람이 앞으로도 늘 실패하리라 생각하지는 않는다. 하지만, 실패와 좌절에 지속적으로 노출된 사람은 장기간의 부정적인 경험을 통해 학습된 무기력을 형성해서 작은 도전이라도 어려워하고 회피하려 한다. 학습된 무기력이 형성되면 자신이 통제할 수 없다고 느껴 아무것도 할 수 없다는 깊은 좌절감에 빠진다. 이와 관련해서 실천 방해 요인을 찾기 위해 자신의 생각과 행동을 세심하게 관찰할 필요가 있다. 특히 무엇을 회피하고 도전을 주저한다면 학습된 무기력 같은 특성이 없는지, 과거의 실패와 좌절 경험이 현재와 미래까지 영향을 미치고 있지 않은지에 대해 점검해 보기 바란다.

다른 한편, 반두라(Bandura, 1977)의 자기효능감(self-efficacy)이라는 개념을 적용해서 자기 분석을 해 볼 수 있다. 자기효능감은 개인의 내적, 심리적 자원을 설명하는 개념으로, 어떤 목표를 달성하기 위해 요구되는 활동을 조직하고 실행하기 위한 자신의 능력에 대한 신념이다. 이는 개인이 자신의 능력에 대한 신념으로 수행 수준을 결정하는 데 직접적인 영향을 준다. 특히, 자기효능감은 수행 수준에 대한 강한 영향력을 가지고 있으므로 자기효능감을 증진하는 것이 매우 중요하다. 자기효능감은 일반적 자기효능감과 과제 특수적 효능감으로 구분이 되는데, 일반 효능감은 많은 상황에서 기본적으로 자신의 능력에 대한 효능 기대이며, 과제 특수적 효능감은 특정 맥락, 특정 영역에서의 효능감이다. 예를 들어, 한 개인이 학업적 자기효능감이나 사회적 자기효능감과 같은 특정 맥락에서 더 높은 효능감을 보일 수 있다. 이러한 자기효능감의 개념을 이해하고, 자신의 능력에 대한 신념이 높은지 낮은지를 점검해 볼 수 있다. 또한, 지속적으로 크고 작은 성공 경험을 누적하여 자기효능감을 증진하는 노력도 필요하다.

적극적인 도전과 몰입은 회피하지 않는 의지, 잘할 수 있다는 확신, 좋은 결과가 있을 것이라는 신념이 있어야만 가능하다. 따라서 학습된 무기력에서 벗어나서 도전을 시도하여 크고 작은 성과를 만드는 것이 중요하다. 도전과 몰입은 직면한 과제에만 해당하는 것이 아니다. 더 근본적인 것은 이를 회피하는 자신에 대한 도전일 수 있다. 도전이 실천되면 높은 집중력을 발휘하게 될 것이며 집중하다 보면 더 깊은 몰입 상태에 도달한다. 몰입은 매우 높은 집중도를 보이며, 어떤 활동에 완전히 빠져 모든 에너지가 한곳에 모이고, 다른 잡념이나 행동의 빈도가 확실하게 줄어든 상태이다. 이러한 몰입은 결과적으로 수행 행동의 질을 더욱 높여 주고 성공 경험을 맛보게 해 준다.

이상 살펴본 것과 같이 긍정적인 내적 자원을 개발하여 증진하는 것, 자신을 성찰하여 도전하고 극복하려는 의지는 목표를 달성하는 데 수행 수준을 높이고, 깊은 몰입을 느끼면서 행복감을 만들어 갈 수 있다. 과거의 경험들이 현재와 미래에 지속적으로 부정적인 영향을 미치게 방관할 수는 없다. 누구나 자신의 삶을 주도적으로 더욱 성장하는 방향으로 만들 수 있다.

01 적용해 보기

1. 자신과 타인의 영향 관계를 분석하기

　인간관계 속에서 우리는 서로 영향을 주고받습니다. 자신에게 영향을 준 사람과 자신이 영향을 준 사람을 각각 생각해 보고 목록을 적어 보세요. 그리고 어떤 영향을 받았는지, 또는 어떤 영향을 줬는지를 정리해 보고, 각 영역의 결과를 점검해 보세요. 정리한 내용에 대해 조 모임에서 서로 이야기를 나눠 보세요.

나에게 영향을 준 사람	관계	주요 영향 (시기, 상황 등을 포함)	영향의 결과	비고

나에게 영향을 받는 사람	관계	주요 영향 (시기, 상황 등을 포함)	영향의 결과	비고

2. 몰입 경험 탐색하기

자신의 경험 속에서 몰입했던 활동, 경험 등을 탐색해 보고 몰입을 하는 방법, 몰입의 긍정적 결과 등을 알아보고 이를 정리해 보세요.

몰입 경험 명명	무엇에? 어떤 상황?	몰입을 촉진한 요인	몰입의 즐거움 등 경험 탐색

몰입을 재경험하기 위해 준비할 것들:

_____

_____

_____

_____

_____

_____

_____

3. 강점 탐색 및 개발

　다음 성격 강점 분류 체계를 활용하여 자신의 강점에 대해 강점 목록[2])을 만들어 보세요. 그리고 조 모임에서 서로 자신의 강점을 설명하고, 더 개발하고 싶은 강점에 대해 이야기를 나눠 보세요.

지혜 및 지식		더 나은 삶을 위해서 지식을 습득하고 활용하는 것과 관련된 강점
1	창의성	어떤 일을 하면서 새롭고 생산적인 방식으로 생각하는 능력
2	호기심	일어나고 있는 모든 경험과 현상에 대해서 흥미를 느끼는 능력
3	개방성	사물이나 현상을 다양한 측면에서 철저하게 생각하고 검토하는 능력
4	학구열	새로운 기술, 주제, 지식을 배우고 숙달하려는 동기와 능력
5	지혜	사물이나 현상을 전체적인 관점에서 생각하고 다른 사람에게 현명한 조건을 제공해 주는 능력
인간애		다른 사람을 보살피고 친밀해지는 것과 관련된 대인관계적 강점
1	사랑	다른 사람과의 친밀한 관계를 소중하게 여기고 실천하는 능력
2	이타성	다른 사람을 위해서 호의를 보이고 선한 행동을 하려는 동기와 실천력
3	정서 지능	자신과 다른 사람의 동기와 감정을 잘 파악할 뿐만 아니라 다양한 사회적 상황에서 어떻게 행동하는 것이 적절한지를 잘 아는 능력
용기		내면적·외부적 난관에 직면하더라도 추구하는 목표를 성취하려는 의지와 관련된 강점
1	용감성	위험, 도전, 난관, 고통에 위축되지 않고 이를 극복하는 능력
2	끈기	시작한 일을 마무리하여 완성하는 능력
3	진실성	진실을 말하고 자신을 진실한 방식으로 제시하는 능력
4	활력	활기와 에너지를 갖고 삶과 일에 접근하는 태도

---

2) 더 자세히 확인하고 싶으면 유료로 성격 강점 검사를 해 볼 수 있다. CST(Character Strengths Test)성격강점검사는 권석만 외 3인(2014)이 개발한 6개 요인, 24개 하위 요인으로 구성된 검사이다.

	절제	지나침으로부터 우리를 보호해 주는 긍정적 특질로, 극단적인 독단에 빠지지 않는 중용적인 강점
1	용서	나쁜 일을 한 사람들을 용서하는 능력
2	겸손	자신이 이루어 낸 성취에 대해서 불필요하게 과장된 허세를 부리지 않는 태도
3	신중성	선택을 조심스럽게 함으로써 불필요한 위험에 처하지 않으며 나중에 후회할 말이나 행동을 하지 않는 능력
4	자기 조절	자신의 다양한 감정, 욕구, 행동을 적절하게 잘 조절하는 능력
	정의	건강한 공동체 생활과 관련된 사회적 강점
1	시민 의식	자신이 속한 집단의 이익을 추구하고자 하는 책임 의식으로, 사회나 조직 속에서 자신에게 주어진 임무와 역할을 인식하고 부응하려는 태도
2	공정성	편향된 개인적 감정의 개입 없이 모든 사람을 동등하게 대하고 모두에게 공평한 기회를 주는 태도
3	리더십	집단 활동을 조직화하고 그러한 활동이 진행되는 것을 파악하여 관리하는 능력
	초월	현상과 행위에 대해 의미를 부여하고 커다란 세계인 우주와의 연결성을 추구하는 초월적 또는 영적 강점
1	심미안	다양한 삶의 영역에서 나타나는 아름다움, 수월성, 뛰어난 수행을 인식하고 평가하는 능력
2	감사	좋은 일을 알아차리고 그에 대해 감사하는 태도
3	낙관성	최선을 예상하고 그것을 성취하기 위해 노력하는 태도
4	유머 감각	웃고 장난치는 일을 좋아하며 다른 사람에게 웃음을 선사하는 능력
5	영성	인생의 궁극적 목적과 의미에 대해 일관성 있는 신념을 가지고 살아가는 태도

2 생애역할과 진로

생애역할(life-role)이란 개인이 살아가면서 수행하는 다양한 역할을 의미한다. 우리는 학생, 친구, 자녀 등 여러 가지 역할들을 수행하고 있으며, 삶의 방향에 따라 직업인, 배우자, 부모와 같은 역할들을 새롭게 맡을 수 있다. 진로를 설계한다는 것은 자신이 추구하는 가치를 반영하여 다양한 생애역할들이 조화를 이루는 삶을 계획하는 과정과 깊이 연결되어 있다. 본 장에서는 생애 전반에 걸쳐 개인이 수행하는 다양한 역할들에 대해 살펴보고, 생애역할의 상대적 중요성과 생애역할 간 조화와 균형을 고려하는 진로설계에 대해 탐구한다. 이를 위해 다음의 질문을 생각해보기를 제안한다. 내가 현재 수행하고 있는 생애역할들은 무엇인가? 여러 생애역할 중 내가 더 중요하게 생각하는 것은 무엇인가? 생애역할 중 직업인은 나에게 어떤 의미인가? 나에게 있어서 다양한 역할들이 조화를 이루는 삶은 어떤 모습인가?

1. 생애역할의 의미

생애역할은 우리가 인생을 살아가면서 맡는 여러 역할들을 의미한다. 대학교에 재학 중인 한 개인을 예로 들면, 현재 학생, 자녀, 형제자매, 친구 등의 역할을 수행하고 있고, 시간이 지나며 직장 동료, 배우자, 부모와 같은 새로운 역할이 더해질 수 있다. 일생 동안 개인이 수행하는 역할은 변화하고 상호작용하며 삶의 모습을 만들어간다.

진로 발달 이론가인 수퍼(Donald E. Super)는 진로를 직업인으로서의 역할에 한정하지 않고, 개인이 생애 전반에 걸쳐 수행하는 다양한 역할의 조합과 연속으로 정의하였다(Super, 1980). 이러한 관점에서 볼 때, 진로설계는 단지 '어떤 일을 할 것인가'를 결정하는 것이 아니라, 개인의 삶 전반에 걸친 다양한 역할을 자신의 가치와 목표에 맞게 조화롭게 구성하며 삶을 설계하는 과정이다. 이를 위해서는 과거부터 현재, 미래에 이르기까지 전 생애를 조망하며, 삶의 어느 시점에 수행했거나 하고 있는, 그리고 앞으로 수행할 역할들은 무엇인지 파악하고, 각 생애역할들이 삶의 단계별로 나에게 갖는 의미와 중요성은 어떠한지, 현재의 직업 선택은 직업 외의 다른 생애역할들과 어떻게 어우러지는지 탐색할 필요가 있다.

2. 다양한 생애역할

수퍼는 많은 사람들이 맡는 주요 생애역할로 자녀, 학생, 여가인, 시민, 직업인, 배우자, 가사관리인, 부모, 은퇴자 9가지를 제시하였다(Super, 1980). 갓 태어난 아기는 다른 역할 수행 없이 오로지 자녀(피보호자)로서 양육자의 보호를 받고 성장하지만, 아동기, 청소년기, 성인기를 거치면서 생애 주기에 따라 맡는 역할의 종류가 다양해지고, 각 시기에 따라 개인 내에서 서로 다른 우선순위를 갖게 된다. 대학에 다니는 동안은 학생의 역할이 가장 중요할 수 있지만, 졸업 후 사회 초년생 시기에는 직업인 역할에 집중할 수 있으며, 결혼과 출산 및 자녀 양육의 시기를 거치면서 처음 맡게 되는 배우자의 역할 그리고 부모의 역할로 그 비중이 옮겨 갈 수 있다. 물론 이는 하나의 예일 뿐이며, 개인의 상황, 가치관, 문화적 배경 등에 따라 수행하는 역할과 각 역할에 부여하는 의미와 중요성은 다르다. 대학생이더라도 자녀나 친구의 역할이 더 중요할 수 있고, 졸업 후 직업 생활을 할 때에도 직업인보다는 여가인, 시민과 같은 다른 생애역할을 더 중요하게 여길 수도 있다. 또한, 문화적 기대가 있을 수 있으나, 특정 역할을 수행하는 시기에 대한 정해진 답은 없다. 가족 구성에 따라 배우자나 부모의 역할을 하지 않을 수도 있다.

이처럼 생애에 걸쳐 수행하는 역할과 그 중요성은 사람마다 다르고, 사회의 변화와 함께 더욱 다양해지고 있음을 염두에 두면서, 수퍼가 제시한 9가지 역할을 중심으로 자신이 수행할 다양한 생애역할에 대해 살펴보도록 한다.

- 자녀: 자녀의 역할은 부모나 보호자와의 관계 속에서 수행된다. 청소년기까지의 자녀는 주로 부모나 보호자의 양육을 받으며 성장하고, 가족 문화나 필요에 따라 가족 내에서 기대되는 책임을 수행하기도 한다. 성인이 되어 독립한 후에도 부모와 유대 관계를 지속하며 여가 시간을 함께 보내고, 노년기 부모를 지원하는 등 생애 단계에 따라 새로운 형태로 자녀 역할을 이어가는 경우가 많다. 가족 형태와 상황, 문화적 배경 등에 따라 자녀 역할의 구체적인 내용은 다르게 나타난다.
- 학생: 지식과 기술을 습득하고 역량을 키워가는 학습자로서의 역할로, 학습은 교육 기관뿐만 아니라 가정과 지역 사회, 일터 등 여러 환경에서 이루어진다. 아동·청소년 시기에 학생의 역할은 전통적으로 학교를 중심으로 수행되었지만, 최근에는 온라인 교육이나 홈스쿨링과 같은 새로운 학습 형태도 점차 확산되고 있다. 또한 평생 학습자로서 생애 전반에 걸쳐 지속적으로 새로운 지식을 탐구하고 기술을 개발하며, 변화하는 사회와 개인의 필요에 맞춰 학습을 이어 갈 수 있다.
- 여가인: 취미 활동을 하거나 휴식 및 재충전의 시간을 갖는 등 여가인으로서의 모습은 각자의 흥미와 필요, 여건에 따라 다양하다. 여행, 운동, 예술 활동, 탐구 활동, 사교 모임, 자발적 봉사, 편안한 휴식 등 개인마다 자신에게 맞는 방식으로 여가 활동을 할 수 있다.
- 시민: 사회 구성원으로서 공동체에 기여하고 책임을 실천하는 역할이다. 이는 세금을 납부하고 투표를 통해 민주적 절차에 참여하는 등 시민으로서의 의무와 권리 이행뿐만 아니라, 지역 사회 활동, 정치적 참여, 환경 보호, 공공의 안전과 복지 증진, 사회 정의를 위한 시민 참여 등 다양한 방식으로 수행될 수 있다.
- 배우자: 성인기에 접어든 후 결혼을 포함한 동반자 관계 속에서 배우자의 역

할이 추가될 수 있다. 배우자는 서로에 대한 신뢰와 존중을 쌓아 가며, 가정 내 의사결정과 책임을 나누고, 생활 전반에서 협력하는 역할을 한다. 이 과정에서 서로의 기대와 차이를 이해하고 조율하는 것이 중요하다. 전통적인 결혼 생활과 가족 구성이 변해 가면서, 배우자 역할이 수행되는 관계와 역할의 의미 및 수행 내용도 다양화되고 있다.

■ 부모: 자녀가 있는 경우, 발달 단계에 따라 자녀가 건강하게 성장할 수 있도록 지원하고 양육하는 역할이며, 후견인, 조부모 등 다른 형태의 보호자 역할도 이에 포함될 수 있다. 부모의 양육 태도와 방식은 자녀의 성장발달에 큰 영향을 미치므로, 자신이 어떤 부모가 되고 싶고, 양육관은 어떠한지에 대해 성찰하고 준비하는 노력이 필요하다. 자녀가 성인기에 진입하여 직업인, 배우자, 부모 등 다른 생애역할을 맡아감에 따라 부모의 역할 또한 재정립된다.

■ 가사관리인: 1인 가구부터 복수의 구성원까지 여러 형태의 가정이 있다. 가사관리인은 가정 내 일들을 관리하고 수행하는 역할이다. 식사 준비, 청소, 세탁 등 일상적인 집안일부터 가정의 재정 계획과 관리 등을 아우른다. 가사관리인의 역할은 전통적인 성 역할을 넘어서, 가정의 상황과 문화에 따라 가족 구성원이 분담할 수 있다.

■ 은퇴자: 은퇴 후 직업을 통한 주된 경제 활동에서 물러난 시기의 역할이다. 개인의 여건, 은퇴 연령, 경제적 준비 정도, 사회 제도 등에 따라 이 시기의 경제적 기반은 각기 다르다. 은퇴자 시기를 어떻게 살아갈 것인지에 관해 은퇴 이전부터 구상하고 준비하는 것이 필요하며, 학생 시기의 진로설계 과정에서 은퇴 이후 삶의 모습까지 고려하는 것도 이르지 않다. 은퇴자 역할을 맡을 때에는 일반적으로 생애역할의 의미나 참여 정도에 큰 변화가 일어난다. 직업인 역할의 비중이 크게 줄어드는 대신, 여가, 자원봉사, 가족, 학습 등 다른 생애역할을 통해 삶의 의미를 추구할 수 있다. 한편, 은퇴 이후 새로운 직업을 찾거나, 이전의 일 경험을 살려 파트타임, 컨설팅 등 직업인 역할을 이어 가는 경우도 있으며, 과거와 달리 은퇴 후 남은 생애가 길어지면서 노년기 일자리에 대한 사회적 관심 또한 높아지고 있다.

이와 같이 수퍼는 전형적인 9가지 역할을 제시하였지만, 이외에도 개인에게 의미 있는 다른 생애역할이 있을 수 있다. 종교적인 신념을 실천하는 것이 개인의 가치와 삶의 목표에 깊이 연관되어 있다면 종교 생활인이 중요한 생애역할이 될 것이며, 문화적 탐구와 개인적 성장을 위해 여행을 다니며 경험을 쌓는 세계여행자를 꿈꾸는 것도 얼마든지 가능하다. 우리를 둘러싼 환경이 끊임없이 변화하고 개인이 추구하는 삶의 모습도 다양해지면서, 과거에는 볼 수 없었던 새로운 생애역할들이 등장할 수도 있다. 따라서 수퍼가 제시한 9가지 생애역할을 그대로 받아들이기보다는, 나는 어떤 역할을 수행하거나 수행하지 않을지, 혹은 아직 수행 여부를 결정하지 않은 역할은 무엇인지 생각해 보고, 그 외 자신에게 중요한 다른 생애역할이 있다면 그것을 자신의 방식으로 정의해 보는 것이 중요하다.

3. 생애역할 간의 관계

1) 생애역할의 상대적 중요성

개인은 동시에 여러 가지 생애역할을 수행하지만, 모든 역할을 동일하게 중요하게 여기지는 않는다. 또한, 같은 역할이라도 생애 시점에 따라서 그 우선순위가 달라지는 경우가 많다. 현재 내가 가장 애정을 가지고, 많은 시간을 쏟고 있는 역할은 무엇인가? 이 역할은 10년 후, 20년 후에도 나에게 지금처럼 중요할까? 이 같은 질문에 답하는 데 유용한 개념이 생애역할 중요성(role salience)이다. 이는 각 생애역할이 다른 생애역할에 비해 개인에게 갖는 '상대적' 중요성을 뜻한다(Super, 1982). 생애역할의 상대적 중요성에는 개인이 추구하는 삶의 가치가 반영되며, 이러한 가치를 생애역할을 통해 적절히 표현할 수 있을 때 행복을 느낄 가능성이 높다(김봉환 외, 2010). 따라서 진로를 설계할 때, 자신이 더 중요하게 생각하는 생애역할이 무엇인지 파악하고, 그 역할을 통해 추구하는 가치를 충분히 표현할 수 있는 삶의 방향을 검토하는 과정이 필요하다.

생애역할 중요성은 정서적, 행동적, 인지적 측면으로 구성된다(Super, 1982; Super & Nevill, 1985). 정서적 측면을 나타내는 전념(commitment)은 그 역할과 활동에 대한 정서적인 애착과 동일시를 뜻한다. 행동적 측면을 나타내는 것은 참여(participation)로, 그 역할 수행에 시간과 에너지를 쓰는 것이다. 인지적 측면인 지식(knowledge)은 그 역할에 대해 얼마나 알고 있는지와 관련되며, 직간접적인 경험을 통해 얻어진다. 개인이 어떤 역할에 대하여 강한 정서적 애착을 느끼지만 시간은 적게 할애할 수 있는 것처럼, 이 세 요소의 수준은 각기 다를 수 있다. 마지막으로, 이 같은 생애역할 중요성의 세 요소 외에, 수퍼와 네빌이 개발한 생애역할 중요성 검사 도구는 가치 기대(value expectations)라는 또 다른 정서적 측면을 포함한다. 이는 그 역할에서 주요한 삶의 가치가 실현될 것으로 기대하는 정도를 의미한다. 생애역할 중요성은 이러한 요소를 종합적으로 고려하여 평가한다.

학생 역할, 그중 학업 영역을 중심으로 예를 들어 보자. 학업에 대한 높은 관심과 학업 목표 달성에 대한 강한 의지를 갖고 있고(전념), 수업 시간 외에도 학습 활동에 많은 시간과 노력을 쏟고 있으며(참여), 교수 및 다른 학생들과 상호작용하면서 전공 분야의 다양한 활동과 공부법 등에 대한 정보를 얻고(지식), 학생 역할을 통해 성취감과 유능감이라는 가치를 실현할 수 있을 것으로 생각하고 있다면(가치 기대), 학생의 학업 수행 역할에 대해 높은 중요도를 부여하고 있다고 볼 수 있다. 한편, 학생으로서 학업 활동에 대해 열의를 가지고 있고 학업을 통한 중요한 가치 충족을 기대하지만 수업 시간 외 별다른 학업 활동을 하고 있지는 않다면, 이는 정서적으로는 학생 역할을 중요하게 생각하지만 행동적 측면은 그렇지 않은 예이다. 이런 경우, 역할 중요성 구성 요소 간의 불균형이 자신에게 미치는 영향을 살펴보고, 변화를 원한다면 역할 참여를 방해하는 요인들을 탐색해 볼 수 있다. 예를 들어, 학업 자신감 부족, 건강 문제, 시간 관리의 어려움, 가정 문제, 통학 거리, 경제적 문제 등이 방해 요소로 파악되었다면, 이에 대한 대처 방법을 찾아볼 수 있을 것이다.

자신이 생애에 걸쳐 수행할 역할 중 우선순위를 두고 있는 역할은 무엇인지 생각해 보자. 그리고 이와 같은 생애역할 중요성을 형성하는 데 가족의 기대나 사회의 압력 같은 환경적 요인이 어떠한 영향을 미치고 있는지 탐색해 보자. 이는 생애설계 과정에서 외부 요인이 자신의 선택과 방향에 미치는 영향을 파악하고, 이러한 환경적 영향에 어떻게 대처할지 고민하는 기회가 될 것이다.

진로를 계획하는 과정에서, 여러 가지 생애역할 중 직업인 역할의 상대적 중요성에 대해 스스로 질문을 던져 볼 필요도 있다. 모든 사람이 직업인 역할을 삶의 우선순위로 삼는 것은 아니다. 가족 구성원, 여가인, 시민 등 다른 생애역할을 통해 자신에게 중요한 가치를 실현하는 경우도 얼마든지 있다. 직업세계에 진입한 후 동시에 수행될 다른 역할들과 비교하여 직업인 역할에 얼마나 전념하고자 하는지, 하루 중 얼마의 시간을 직업인 역할에 할애하고 싶은지, 직업인 역할에 대해 알고 있는 것은 무엇이며 어떠한 직업정보탐색 활동을 하고 있는지, 직업을 통해 어떠한 삶의 목표와 가치를 충족할 수 있다고 여기는지 등을 점검하는 것이 필요하다.

2) 생애역할의 갈등과 조화

생애역할 간 갈등은 흔히 발생한다. 많은 사람들이 겪는 대표적인 갈등 유형 중 하나가 일-가정 갈등이다. 미래의 일터에서 많은 업무량을 요구하거나 높은 성과를 기대하는 상황이 가정에서의 책임이나 가족과의 시간과 충돌한다면, 이는 나에게 어떤 영향을 줄까? 이러한 상황에서 어떻게 대처할 것인가? 일-가정 갈등 외에도, 일과 여가 간의 갈등, 가정과 여가의 갈등, 일과 학습자로의 역할 갈등 등 다양한 형태의 갈등이 발생할 수 있다. 세 개 이상의 역할이 갈등을 일으키기도 한다.

수퍼에 따르면, 각 생애역할들은 가정, 학교, 일터, 지역 사회 등의 극장을 주요 무대로 삼아 수행된다(Super, 1980). 이를 '일-가정 갈등'에 적용해 보면, 직업인 역할은 주로 일터라는 무대에서 이루어지지만, 이 역할이 가정이라는 무대로 흘러넘칠 때 역할 갈등이 발생한다. 예를 들어, 일을 마치고 집에 와서도 업무 고민에 사로잡혀 있고, 직장의 연락을 빈번하게 받으며, 끝마치지 못한 보고서를 작성하고 업무 이메일을 처리하는 데 시간을 쏟는다면, 직업인으로서의 역할이 배우자나 부모, 자녀 등 가족 안에서 맡은 역할과 갈등을 일으키고, 가족들에게도 부정적 영향을 줄 수 있다. 역으로, 자녀 양육이나 가족 문제로 인해 직장에서 일을 하면서도 집중력을 잃는 상황은 가정에서의 역할이 직장으로 흘러넘치는 갈등의 예이다.

일과 가정이 반드시 갈등 관계에 있는 것은 아니다. 긍정적인 시너지 효과를 낼 수도 있다. 일하면서 얻은 새로운 정보나 의사소통 기술을 활용해 가족과 의미 있는 대화를 나누거나, 직장의 복지 혜택을 통해 가족과 질 높은 시간을 보내는 경우, 직업인 역할이 부모나 배우자로서의 역할을 더욱 풍요롭게 만들 수 있다. 마찬가지로, 가족과의 시간을 통해 얻은 심리적 안정감과 긍정적 에너지를 바탕으로 일터에서 업무에 집중하고 업무 스트레스에 효과적으로 대처하게 된다면, 이 역시 일터와 가정에서의 역할이 조화를 이루며 개인의 충만감을 높이는 사례이다.

우리는 모두 유한한 시간과 자원을 활용하여 동시에 여러 가지 역할을 수행하고 살아간다. 자신이 부여한 각 생애역할의 중요도에 걸맞게 시간과 에너지를 배분할 수 있을 때, 더 만족스러운 삶의 균형을 찾을 수 있다. 그러므로 진로를 설계할 때, 자신에게 중요한 역할들이 어떻게 조화를 이룰 수 있는지를 고민하는 것이 필요하다. 예를 들어, 직업인 역할만큼 취미 활동을 하고 여행하는 것을 삶의 중요한 부분으로 생각한다면, 진토탐색 과정에서 여가 생활과 조화를 이룰 수 있는 직업 환경, 즉 유연한 근무 환경이나 여가 친화적인 직장 문화, 적정한 소득 등을 고려할 수 있다.

덧붙여, 가정과 직장 등 속해 있는 집단의 구성원들이 나에게 기대하는 역할 수행과 내가 생각하는 역할 중요성 간 차이가 있을 수 있다. 예를 들어, 배우자는 가족과 함께 더 많은 시간을 보내기를 원하지만 나는 직장에서의 성취를 우선시할 수도 있다. 또는 상사는 나에게 더 높은 성과를 기대하며 업무를 최우선으로 두기를 바라지만, 나는 가족과의 시간을 더 소중하게 여길 수 있다. 따라서 각 생애역할에 관련된 사람들과 역할 중요성 인식이 다를 때 이를 조율하는 것 또한 중요한 과제가 될 것이다.

4. 생애역할을 고려한 진로설계

지금까지 살펴본 것처럼, 진로설계란 특정 직업을 선택하고 준비하는 것 이상의 의미를 가진다. 이 책의 2장에서 생애역할을 소개하는 것은, 구체적인 진로탐색과 설계 활동에 들어가기에 앞서 진로설계를 생애설계의 관점에서 폭넓게 바라볼 수 있도록 돕기 위함이다.

생애역할을 고려한 진로설계는 현재와 미래 역할을 조망하고, 생애역할들을 균형 있게 통합하는 과정을 포함한다. 이 책의 다음 장들은 이러한 과정과 연결되어 있다. 먼저, 자신의 생애역할 중요성을 파악하는 데 있어서, 성격, 흥미, 적성, 그리고 가치관과 같은 자기 이해는 필수적이다. 특히 삶에서 무엇을 중요하게 생각하는지, 무엇을 우선시하고 추구하는지를 나타내는 가치관은 특정 시점에 어떤 생애역할을 중시하는지와 긴밀하게 관련된다. 성격과 관련하여, 만약 자신의 강한 완벽주의적인 성향을 발견했다면, 여러 생애역할을 완벽하게 수행하려고 하는 가운데 역할 갈등이나 소진에 취약해질 수 있음을 인식해야 한다. 모든 역할을 완벽하게 수행하는 것은 비현실적인 기대임을 수용하고, 생애역할의 우선순위에 따라 시간과 에너지를 적절히 배분하는 연습이 필요하다.

시대와 직업세계의 변화에 따라 생애역할의 의미나 수행 방식, 수행 기간, 역할에 대한 사회적 기대, 역할 갈등 해결 방식 등이 달라진다. 따라서 진로설계 과정에서 미래 사회와 직업 환경의 변화를 전망하고 이에 대비해야 한다. 코로나19 팬데믹을 경험하면서 급속하게 달라진 삶의 모습, AI 기술의 진보와 더불어 일하는 공간과 방식의 변화, 그리고 이러한 변화가 일뿐만 아니라 가정, 여가, 학습 등 삶의 전반에 미친 영향을 떠올려 본다면, 미래의 변화를 전망하는 것의 중요성을 쉽게 이해할 수 있을 것이다.

진로정보를 탐색하고 요구되는 직업 역량을 파악하는 것 역시 다른 생애역할과 조화를 이룰 수 있는 직업을 찾고 준비하기 위해 중요한 부분이다. 자신의 우선순위가 일을 통한 성취나 경제적 보상보다는 시간적 여유를 가지고 가족들과 함께하고 여가를 즐기는 것에 있음을 깨달았다면, 자율성과 유연성이 높은 직업인지,

업무량이 과도하지 않으며 업무 시간 외 개인 시간을 충분히 누릴 수 있는 직장인지 여부를 주요 질문으로 삼고 진로정보를 탐색할 수 있다. 또한, 이러한 직업에 진입하는 데 필요한 역량을 개발함으로써 가족·여가와 일을 만족스러운 형태로 병행할 수 있는 가능성을 높일 수 있다. 또 다른 예로, 직업인의 역할뿐만 아니라 학습자로서의 배움과 성장에 가치를 두고 있다면, 지속적으로 새로운 지식과 기술을 배우고 이를 적용하며 성장할 수 있는 직무인지, 교육 기회와 자기 개발을 지원하는 직업 환경인지를 주요 기준으로 삼아 정보 탐색을 하고 필요 역량을 갖추는 준비를 할 수 있다.

이와 같은 자기 이해와 직업세계에 대한 이해를 바탕으로, 의사결정을 하고 목표를 세워 계획을 실행하는 것은 직업 선택뿐만 아니라 삶을 계획하고 준비해 나가는 여정이 될 것이다. 중요한 점은, 이 여정이 직진의 일방통행로가 아니라는 것이다. 살아가면서 가치관이 재정립되기도 하고, 그에 따라 지금 예상하고 있는 역할의 우선순위가 미래 상황에서는 달라질 수 있다. 직접 경험해 보니 내가 알고 있던 직업정보와 실제가 다를 수 있고, 직업세계의 변화에 따라 우리에게 요구되는 역량과 자질도 진화하고 있다. 개인의 경제적 상황, 건강 상태, 가족 환경이 달라지는 등 개인과 개인을 둘러싼 환경도 변한다. 따라서 진로설계는 불변의 로드맵을 마련하는 것이 아니라, 지속적으로 조정하고 발전시키는 과정이다. 이러한 과정에서 직업세계를 재탐색하고, 자신에 관해 새롭게 배우며, 생애역할들을 조율하고, 의사결정하는 활동을 거듭할 것이다.

1. 현재와 미래의 생애역할 탐색하기

아래에는 글과 그림으로 나타내는 두 개의 활동이 제시되어 있습니다. 선호하는 활동을 하나 택하여 해보세요.

선택 1   [표에 적어보기] 우리는 전 생애에 걸쳐 다양한 역할들을 수행한다. 현재 내가 수행하고 있는 생애역할은 무엇인가? 그리고 미래의 생애역할은 지금과 얼마나 어떻게 달라지게 될까?

1) 현재 수행하고 있는 생애역할들을 표의 가장 왼쪽 열(역할명)에 나열해 보세요. 그리고 각 역할이 현재 나에게 갖는 의미를 그 옆 칸(현재의 의미)에 작성하세요.

2) 가장 많은 생애역할들을 동시에 수행할 것으로 예상되는 미래의 어느 한 해를 상상해 봅시다. 그때 나는 몇 살이고, 그 해는 몇 년도인가요?
   해당 시기에 더해질 새로운 생애역할들을 현재 작성한 역할 목록 아래에 적어 보세요. 그리고 맨 오른쪽 열(미래의 의미)에, 각 역할이 미래의 나에게 어떤 의미를 지닐지 작성해 보세요. 현재 수행 중이지만 미래에는 하지 않을 역할이 있다면, 해당 역할의 미래 의미 칸은 비워 둡니다.
   (예시)

역할명	현재의 의미(2026년)	미래의 의미(2046년)
자녀	자녀 역할의 현재 의미 작성	역할이 미래 시점 지닐 의미 작성
학생	학생 역할의 현재 의미 작성	역할이 미래 시점 지닐 의미 작성
배우자	-	배우자 역할이 미래 시점 지닐 의미 작성

3) 다음 질문들을 생각해 보고 나누어 봅시다.
  • 현재에 비해 미래에 수행하는 생애역할의 종류는 어떻게 달라지나요? 이러한 변화에 대해 어떤 느낌이 드나요?
  • 현재 수행 중인 역할 중 내가 가장 중요하게 여기는 역할은 무엇인가요? 선정한 미래 시점에서 가장 중요할 것으로 예상되는 역할은 무엇인가요?
  • 현재 수행하는 생애역할의 의미가 미래 시점에는 어떻게 달라지나요?
  • 현재와 미래 생애역할의 공통점과 변화가 진로설계에 갖는 의미는 무엇인가요? 진로에서 어떤 방향을 추구해야 할지, 어떤 준비가 필요할지에 대해 떠오르는 생각이 있다면 무엇인가요?

역할명	현재의 의미(2_____년)	미래의 의미(2_____년)

선택 2 [그림으로 그려 보기] 전 생애에 걸쳐 수행할 다양한 생애역할들을 한 장의 그림으로 표현해 보자. 도화지와 크레파스, 색연필 등을 활용하여 촉감을 느끼며 그리면 좋고, 태블릿 PC를 활용할 수도 있다.

1) 현재에 수행하고 있는 그리고 미래에 수행할 생애역할들을 떠올려 보고 그 역할들을 한 장의 그림으로 자유롭게 그려 보세요. 생애역할들의 관계나 각 역할에 대한 나의 느낌, 의미, 중요도, 시간의 흐름에 따른 변화 등을 그림의 크기나 위치, 형태, 색 등으로 표현할 수 있습니다.

2) 다음 질문들에 대해 생각해 보고, 함께 나누어 봅시다.
   • 그림을 그리면서 어떤 생각이나 감정이 들었나요?
   • 그리면서 특히 감정을 불러일으킨 생애역할이 있다면 무엇인가요?
   • 그림에 현재와 미래의 생애역할을 어떻게 표현했나요?
   • 그림을 보고 드는 생각과 감정은 무엇인가요?
   • 미래의 생애역할을 보았을 때 드는 기대감이나 걱정이 있다면 무엇인가요?
   • 그림 속 생애역할들이 어떻게 조화와 균형을 이루고 있나요? 이것이 나의 진로에 갖는 의미는 무엇인가요?

2. 생애 진로 무지개 그리기

수퍼(Super)는 '생애진로 무지개' 이론을 바탕으로, 자신의 인생에서 맡게 될 다양한 역할들을 시각화하는 방법을 제안하였습니다(Super, 1980). 아래의 생애진로 무지개에는 0세부터 120세까지의 나이가 5년 단위로 표시되어 있습니다. 다음 안내에 따라 생애 진로 무지개를 그려보세요.

1) 현재 내가 수행하고 있는 역할들을 떠올려 보고, 각 역할을 무지개 하단의 맨 앞 칸부터 하나씩 적어 보세요. 앞으로의 삶에서 새롭게 맡게 될 역할들도 이어서 한 칸에 하나씩 적어 보세요.

2) 나이가 들어가면서 수행을 멈추거나 종료하는 생애역할은 무엇인지, 어떤 생애역할이 추가되는지, 그리고 각 역할의 중요도는 어떻게 달라지는지 생각해 봅시다. 이에 따라 각 역할 별로 무지개의 해당 칸을 색칠해 보세요. 해당 생애역할을 중요하게 생각하는 만큼 무지개 칸을 채우도록 두껍게 칠하고, 해당 역할을 수행하지 않는 나이 구간에는 색칠하지 않습니다.

3) 완성된 생애 진로 무지개를 보면서 생애에 따른 역할 변화에 대해 살펴보고, 소그룹이나 주변 사람들과 생애역할에 어떤 공통점과 차이점이 있는지 찾아봅시다.

4) 여러 역할들이 동시에 중요하게 수행되는 시기가 인생의 어느 때인지 살펴봅시다.
   • 여러 역할 수행이 겹치는 시기에 예상되는 갈등이 있나요? 역할 갈등에 어떻게 대처할 수 있을까요?
   • 직업인 역할과 다른 역할들의 조화는 어떠한가요? 지금 희망하고 있는 직업이 있다면, 그 직업을 대입하여 생각해 보세요.
   • 이 시기 미래의 내가 현재의 나에게 해주고 싶은 말은 무엇인가요?

5) 미래의 역할 갈등과 조화를 고려하여 진로 계획을 한다면, 어떤 점을 계획에 반영할까요?

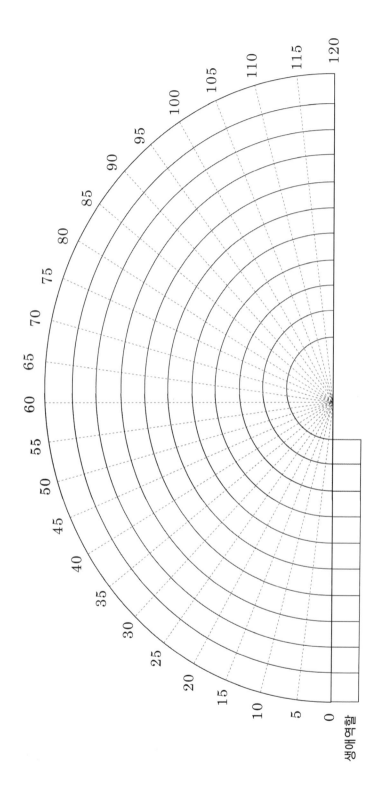

[그림 2-1] 생애진로무지개

출처: Super(1980, p. 289)의 생애진로무지개를 바탕으로 한 활동지(김지연 외, 2022, p. 252) 수정

3. 생애역할이 조화를 이루는 미래의 일상 상상하기

1) 편안한 자세로 눈을 감고 호흡하며, 생애역할이 조화를 이루는 미래의 이상적인 일주일을 상상해 보세요. 내가 살고 있는 곳은 어디인가요? 어떠한 가정의 형태를 이루고 있나요? 가족이나 가까운 사람들과의 관계는 어떠한가요? 직업을 갖고 있다면 어떠한 일을 하며 일주일 중 얼마의 시간을 할애하고 있을까요? 일할 때의 나는 어떤 모습인가요? 일하지 않는 시간 나는 무엇을 하면서 즐거움과 충만함을 느끼고 있나요?

2) 나의 이상적인 일주일을 잘 말해 줄 수 있는 이틀에 대하여 눈을 뜨고 잠들기까지 내 생활을 글로 묘사해 보세요. 혹은 그림으로 표현해 보세요. 그리고 내가 상상한 미래의 삶이 잘 나타나도록 글이나 그림의 제목을 붙여 보세요.

3) 상상해 본 미래의 이상적인 일상을 실현하기 위해 진로설계에서 무엇을 고려해야 할지 생각해 보고, 가능하다면 소그룹에서 공유하며 서로 피드백하고 응원의 메시지를 주고 받으세요.

자기 이해

PART
02

생애설계와 진로탐색

3 진로와 성격

사람들은 특정 직업을 떠올릴 때 해당 직업을 하기 적합한 성격 특성이 있는 것처럼 여긴다. 사람들을 즐겁게 해 주는 엔터테이너와 같은 직업은 외향적이고 사회성이 좋은 성격인 사람에게 적합하고, 객관적인 정보를 분석하고 그 결과에 따라 일을 처리하는 일은 감정에 휘둘리지 않고 냉정한 성격을 가진 사람에게 적합할 것이라 생각한다. 하지만 현실에서는 특정 직업하면 떠오르는 전형적인 성격인 사람이 높은 성과를 보이기도 하나 그렇지 않은 사람이 큰 성공을 거두는 경우도 있다. 이는 성격이 진로결정에 있어 주요하게 고려해야 할 요소이긴 하나 절대적인 요소로 여기는 것은 지양해야 함을 암시한다. 본 장에서는 진로에 있어 성격을 어떻게 이해하고 다루는 것이 좋을지에 대해 살펴보고자 한다.

1. 성격의 중요성: 진로 선택에 미치는 영향

1) 성격의 이해

우리는 자신이나 타인의 독특한 측면에 대해 이야기하고 싶을 때 "내 성격은 ~해", "그 사람 성격은 ~해"라는 표현을 자주 사용한다. 또한, "이건 내 성격에 맞지 않아.", "이건 내 성격에 맞아."와 같은 표현도 자주 사용하는데, 이 역시 선택에 있어 자신의 특성을 드러내기 위해 사용하는 표현이다. 최근에는 사람들 앞에서 자신을 소개할 때 자신의 성격 유형을 드러내는 표현을 사용하거나 온라인 상에서 자신을 드러내는 상태 메시지 혹은 아이디에 자신의 성격 유형을 의미하는 기호를 기입하기도 한다. 이처럼 일상에서 우리가 성격이라는 용어를 사용할 때는 자신이나 타인의 고유한 측면을 드러내거나 고려하고자 할 때 사용한다. 이는 일반적으로 성격이라는 용어에는 개인의 독특성 혹은 고유성을 담고 있음을 시사한다. 성격을 학문적으로 연구한 학자들 역시 성격을 다룰 때 개인 간 차, 다시 말해, 다른 사람과 구분되는 한 개인의 독특한 측면을 주요하게 여긴다. Carver와 Scheier(2012)는 성격을 "한 개인의 독특한 행동과 사고 및 감정의 패턴을 창조해 내는, 개인 내부에 있는 심리 신체 체계의 역동 조직"으로 정의하기도 하였다.

그렇다면, 무엇이 개인의 성격 형성에 영향을 줄까? 이에 대해 정신역동적 관점으로 인간의 성격을 설명하고 있는 이론들(예: 프로이드의 정신분석 등)은 3세나 6세 전 경험이 개인의 성격 특성에 결정적 영향을 준다고 주장하면서 이 시기에 형성된 성격은 성인이 되어서 잘 변하지 않는다고 주장했다. 반면, 영유아기 이후의 발달 단계에 대한 이론을 제시한 에릭슨(Erik Erikson)은 영유아기 이후인 아동기를 지나 노년기까지 각 단계별로 발달과업이 있으며, 이를 잘 수행하는지 여부가 개인의 심리적 건강성과 밀접하게 관련된다고 주장했다. 최근에는 개인의 특성 형성에 대해 신경 생물학적으로도 설명하는데, 그에 따르면, 뇌 발달이 영유아나 아동·청소년기와 같은 발달 시기에 급속하게 진행되는 것은 사실이나 성인기 이후에도 환경적 자극과 개인의 경험에 의해 진행되기도 한다.

2) 진로와 성격의 관계

진로를 선택 및 결정하고 원하는 직업을 얻기 위해 계획하고 이를 실천하는 전 과정은 개인과 세상과의 상호작용 과정으로 볼 수 있다. 개인은 자신이 원하는 혹은 자신에게 맞는 진로를 선택하기 위해 자신의 특성을 파악하면서도 직업세계를 탐색하며 그 과정에서 개인과 직업세계는 서로에게 영향을 주고받는다. 타이드맨(David V. Tiedeman)과 오하라(Robert P. O'Hara)의 진로 의사결정 이론에서는 진로 선택이 사람의 정체성과 관련되어 있으며, 사람들은 진로를 결정하는 과정에서 자기 자신을 점점 더 구체적으로 이해하게 된다고 말하면서 여러 단계를 거쳐 이루어지는 진로 선택 과정에서 개인은 자신의 자아 개념을 발전시킨다고 하였다. 이는 개인이 자신에 대해 모두 알고 있는 상태에서 진로 선택 및 결정이 이루어진다기보다 이 과정을 경험하면서 자신에 대해 분명히 알게 됨을 의미한다. 게다가 최근에는 성격에 대한 유전과 환경의 영향에 대해 유전자를 통해 후손에게 전달되는 특성이라고 하더라도 그것이 발현되는 데에는 환경적 조건이 필요하다는 연구 결과들이 다수 발표되었다(Carver, & Scheier, 2012). 다시 말해, 환경과의 상호작용 과정에서 개인이 하는 경험이 성격 형성에 영향을 준다는 것이다.

이에 본 장에서는 개인이 진로를 선택하는 과정에서 성격을 고려할 때, 성격의 안정성과 변화 가능성을 모두 염두에 둘 것을 권한다. 다시 말해, 현재 자신이 생각하는 혹은 여러 방법으로 확인된 자신의 성격을 고려하여 그에 맞는 진로를 선택하면서도 이후에 살아가면서 하게 될 경험(진로와 관련되지 않은 경험까지 포함)으로 인해 변화할 수 있음을 기억하기 바란다. 또한, 타이드맨(Tiedeman)과 오하라(O'Hara)의 이론에서 말한 것처럼 지금부터 이루어질 진로탐색 및 선택, 결정 과정에서 자신에 대해 새롭게 알게 될 가능성이 있으며, 새롭게 알게 될 내용이 지금까지 자신이 생각해 왔던 성격 특성과 동일할 수도 있지만 다를 수도 있을 것임을 염두해 두기 바란다.

2. 성격 탐색 방법

성격을 개인 간 차이 측면에서 살펴볼 때 그 차이를 질적으로 뚜렷이 구별되는 비연속적 범주로 간주하는 유형론적으로 접근하기도 하고 개인의 몇 가지 특징을 연속적 범주에서 접근하여 각 특징의 정도 간 차이로 성격을 드러내는 특질론적으로 접근하기도 한다. 사람들이 각 개인들의 성격을 MBTI나, 애니어그램, DISK와 같은 기준이나 도구들을 사용하려는 시도는 유형론적 입장에서 접근하는 것이다. 그래서 일반적으로는 성격 특성론적 접근보다는 유형론적 접근이 익숙할 것이다. 하지만 성격에 대해 좀 더 잘 이해하기 위해서는 유형론적 접근과 특성론적 접근을 모두 살펴볼 필요가 있다. 이에 본 장에서는 각각의 접근에서 널리 사용되고 있는 성격 탐색 방법을 소개하고자 한다.

1) MBTI(Myers-Briggs Type Indicator)

MBTI는 마이어스(Isabel B. Myers)와 브릭스(Katharine C. Briggs)가 융(Carl G. Jung)의 성격 유형론을 기반으로 개발한 성격 검사 도구이다. 융(Jung)은 개인의 성격을 정신 에너지의 방향을 나타내는 태도(외향성-내향성)와 심리 기능(감각-직관, 사고-감정) 측면에서 유형화할 수 있다고 주장하면서 사람들은 선천적으로 선호하는 경향성을 갖고 태어난다고 말했다(임승환, 김택호, 박제일, 2008). 융(Jung)은 사람들은 내면에 모든 태도와 기능을 다 갖고 있으나 상대적으로 편하고 쉬우며, 더 좋아하는 것이 있어 상대적으로 더 자주 사용하게 되는 경향을 갖는다고 하였다. 심리적 선호에 대해 설명할 때 흔히 왼손잡이, 오른손잡이와 비교해서 설명한다. 우리는 모두 양손을 가지고 있지만 선천적으로 오른손을 사용하는 게 편한 사람이 있는 반면, 왼손을 사용하는 게 편한 사람이 있다. 이처럼 심리적 태도와 기능에 있어서도 더 편하고 쉽게 사용하기에 더 끌리고 자주 사용하게 되는 선호가 있다는 것이다. 마이어스(Myers)와 브릭스(Briggs)는 이런 융(Jung)의 주장에 생활 양식(판단

ISTJ	ISFJ	INFJ	INTJ
ISTP	ISFP	INFP	INTP
ESTP	ESFP	ENFP	ENTP
ESTJ	ESFJ	ENFJ	ENTJ

[그림 3-1] MBTI 16가지 유형

-인식)이라는 하나의 측면을 추가하여 개인의 성격을 16가지 유형으로 구분할 수 있음을 제안하고 MBTI를 개발하였다. [그림 3-1]은 16가지 유형의 알파벳 조합을 그림으로 표현한 것이다.

일상에서 사람들은 MBTI를 사용하여 자신의 성격이나 타인의 성격을 드러내고 파악할 때, 각 유형을 드러내는 알파벳 조합이나 별명, 각 유형의 특성에 대해 소개하는 내용이나 그 특성이 드러나는 에피소드를 중심으로 이야기하는 경향이 있다. 이 책을 읽고 있는 독자들은 이미 자신의 유형뿐만 아니라 가까운 사람들의 유형과 별명, 특성에 대해 잘 알고 있을지도 모른다. 특히, 상대적으로 쉽게 이해할 수 있는 에너지 방향에 의해 구분되는 외향(E)과 내향(I), 생활 양식에 의해 구분되는 판단(J)과 인식(P)에 대해서는 많은 사람들이 잘 아는 것처럼 보인다. 반면, 심리 기능에 해당하는 감각(S)과 직관(N), 사고(T)와 감정(F)에 대해서는 명확하게 알지 못하거나 오해하는 부분도 있는 듯하다. 이제부터는 각각에 대해 좀 더 자세히 알아보고 각 특성과 직업을 연결하여 생각해 보고자 한다.

많이 알려져 있듯, 외향과 내향은 에너지의 방향이 어느 쪽을 향해 있느냐에 따라 나뉜다. 외향은 주의가 외부로 향해 있고, 내향은 내부로 향해 있다. 외향을 선호하는 사람들은 외부 활동을 좋아하고 많은 사람과 관계 맺고 이야기 나누기를 즐기며, 생각하기보다 행동으로 옮기는 것을 좋아한다. 내향을 선호하는 사람들은 내부 활동을 좋아하며, 소수와 깊은 관계를 맺기를 원하고, 행동하기보다 생각하는 것을 편하게 여긴다. 이러한 특성으로 인해 외향인 사람은 여러 사람들과 대화하고 다양한 활동을 할 수 있는 취미나 직업을 선호하며, 내향인 사람은 조용한 환경에서 집중 작업을 할 수 있는 취미나 직업을 선호한다. 외향적인 사람들에게 주로 사람들을 직접 만나는 영업직을 권하고 내향적인 사람들에게는 주로 혼자나 소수의 사람들과 관련되는 연구직이나 사무직을 권하는 것은 이런 이유 때문이다.

심리 기능 중 인식 기능에 해당하는 감각과 직관은 내부와 외부에 있는 어떤 자극 혹은 정보를 어떻게 인식하느냐에 따라 구분된다. 감각형은 오감을 통해 정보를 수집하는 것을 선호하므로 눈에 보이고, 만질 수 있고, 직접 확인할 수 있는 구체적인 정보에 관심이 있고 이를 잘 감지한다. 반면에 직관형은 오감보다는 직감과 무의식에 기인한 추상적 정보에 관심이 있고 이를 잘 감지한다. 이 때문에 감각형은 지금-여기 현실에서 확인할 수 있는 정보들을 중요하게 여기며, 직관형은 현재 확인하기는 어려우나 미래의 가능성 혹은 내면의 잠재력과 관련된 내용을 중요하게 여긴다. 감각형인 사람들에게 숫자로 되어 있는 자료들을 파악하는 것과 관련된 직업(예: 회계사)이나 자료에 근거한 옳고 그름의 의사결정을 내리는 직업(예: 법률가)을 권하고 직관형인 사람들에게 비전 제시와 새로운 분야를 개척하는 것과 관련되는 일(예: 스타트업 창업자)이나 인간의 성장을 돕는 일(예: 교사)을 권하는 것은 이런 이유 때문이다.

다음 심리 기능은 판단기능에 해당하는 감정과 사고로 이들은 수집한 증거들을 기반하여 의사결정할 때 사용되는 심리 기능이다. 사고형은 객관적인 관점과 논리, 근거 등을 사용하여 정보를 평가하거나 판단하는 것을 선호하며 여러 관념을 연결시켜 문제를 해결한다. 감정형은 관계를 이해하며 사람들의 필요를 고려하여 의사결정을 하며, 어떤 관념이 어떤 종류의 감정을 불러일으키는지에 따라 이를 수용할지 여부를 결정한다. 사고형에게는 논리적이고 체계적으로 문제를 해결하거나 객관적이고 분석적인 접근을 하는 직업(예: 엔지니어)을 권하고 감정형에게는 사람들과 정서적으로 상호작용하며, 공감과 지지를 중요하게 여기는 직업(예: 상담사)을 권한다.

마지막으로 생활 양식은 일상생활에서의 행동 양식, 세상과 상호작용하는 방식, 자신의 일정을 관리하는 방식을 의미하며, 판단형과 인식형을 포함한다. 판단형은 조직적이고 계획적인 행동 양식을 보이는 사람들로 이들은 일상에서 명확한 구조와 계획이 있는 것을 선호하며, 목표 지향적이고 예측 가능한 환경을 선호한다. 인식형은 변화나 예상치 못한 상황에 융통성 있게 잘 적응하며, 계획에 따라 행동하기보다 자유롭게 순간의 상황에 맞춰 행동하는 것을 선호한다. 이 때문에 판단형에게는 조직적이고 체계적인 업무, 일을 일정에 맞게 처리하도록 관리하는 업무를 하는 직업(예: 행정가)을 권하고 인식형은 자율적으로 상황에 따라 그에 맞게 일을 처리하는 것을 선호하므로 창의적이고 변화가 많은 환경에서 일하는 직업(예: 예술가)을 권한다.

지금까지 살펴본 것처럼 유형론적 관점에서 성격을 이해하고 성격과 직업을 연결시키면 각 유형에 맞는 직업이나 업무가 명확하게 구분되는 것처럼 보인다. 이 때문에 기업들에서는 개인의 성격에 맞는 업무가 배정되면 역량을 잘 발휘할 수 있어 생산성이 향상될 것이라는 가정하에 성격 유형 검사를 활용하여 신입 사원을 뽑거나 직무 배정을 하기도 하였다. 이러한 경향은 최근에도 지속되고 있는 것으로 보인다. 하지만 심리 유형론을 제안한 융(Jung)은 심리적 선호라는 것이 존재하나 개인 내에 외향, 내향의 두 가지 태도, 감각, 직관, 사고, 감정의 네 가지 기능이 모두 존재한다고 하였다. 또한, 개인이 선호하지 않은 쪽은 무의식에 있어 인식하기 어려우나 개인이 심리적으로 성숙하게 되면 혹은 성숙하기 위해서는 무의식에 있는 태도와 기능이 의식화되어야 한다고 하였다. 이는 성숙한 개인은 두 가지 태도와 네 가지 기능을 모두 사용할 수 있음을 시사한다. 융(Jung)의 이론을 기반으로 개발된 MBTI 검사에서도 검사 결과를 해석해 줄 때 심리적 선호에 따른 유형의 특성과 함께 선호 유형으로 떠오르지 않은 기능을 열등 기능으로 지칭하면서 이를 개발할 것을 권고하고 있다.

평생 직장 개념이 사라진 요즘 노동 시장에서는 개인이 다양한 능력을 갖추길 요구한다. 첫 직장에서 부여받은 업무에서 요구하는 능력만 갖춰서는 일의 세계에서 자신이 원하는 것을 성취하기 더욱 어려워지고 있다. 이는 MBTI와 같은 성격유형검사 결과를 어떻게 활용하는 것이 개인에게 유용한지에 대한 방향을 제시한다. 다시 말해, 진로를 결정하기 위해 성격 유형론적 관점에서 자신을 이해할 때 현재 자신의 성격 특성에 적합한 직업이나 직무를 탐색하면서도 자신이 개발해야 할 특성이 무엇인지 파악해야 할 것이다. 또한, 개발할 수 있는 방법이 무엇인지, 어떤 경험들을 하는 것이, 어떤 관점을 취하는 것이 열등 기능을 개발하는 데 도움이 되는지 확인하고 이를 적극적으로 적용해야 할 것이다. 그렇게 활용하는 것이 MBTI 검사의 취지를 제대로 살리면서도 노동 시장의 변화에 유연하게 대처하는 데 도움이 될 것이다.

2) 성격 5요인 모형

특질 이론을 주창하는 학자들마다 조금씩 다른 방식으로 성격의 특질들을 정리하였으나 성격의 기본 구조가 5개의 상위 요인으로 통합될 수 있다는 것에 어느 정도 동의하였다. 이를 성격 5요인 모형 혹은 빅 파이브라고 부른다(Carver, & Scheier, 2012). 성격을 연구하는 학자들은 대부분 성격 5요인 모델에 따라 성격을 파악하고 개인의 성격과 다른 심리적 특성들과의 관계를 확인하는 데 사용한다.

다섯 가지 요인에는 개방성(Openness), 성실성(Conscientiousness), 외향성(Extraversion), 친화성(Agreeableness), 신경증적 성향 혹은 정서적 불안정성(Neuroticism)이 포함된다. 개방성은 새로운 경험에 대한 개방적인 태도, 호기심 등을 포함한다. 개방성이 높은 사람은 새로운 경험이나 아이디어에 호기심을 갖고 이를 알고자 하는 경향을 보인다. 성실성은 과제나 일 등에 대한 책임감, 목표 지향성 등을 의미한다. 성실성이 높은 사람은 목표를 달성하고자 하는 의지와 책임감이 강하며, 일을 진행함에 있어 계획적이고 신중하다. 외향성은 사회적 상호작용을 선호하는 성향으로 높은 에너지 수준과 사교성 등을 포함한다. 외향성이 높은 사람은 사람들과 상호작용하기를 즐기며, 활동적이다. 친화성은 다른 사람들과 협력하는 성향과 관련되며, 타인을 친절하게 대하고 공감하는 것 등을 포함한다. 친화성이 높은 사람은 타인에게 협조적이며, 관계에서 신뢰를 얻는다. 신경증적 성향 혹은 정서적 불안정성은 감정적으로 불안정하며, 스트레스에 민감한 성향 등을 의미한다. 이 특질이 높은 사람은 불안, 걱정, 두려움, 분노 등과 같은 부정적 감정 경험을 많이 한다. 반면, 이 성향이 낮은 사람은 감정적으로 안정적이고 스트레스에 대처를 잘한다.

성격 유형론에 따른 성격 이해와 마찬가지로 성격 5요인 모델에 따라 개인의 성격 이해에 기반하여 진로 및 직업을 안내할 수 있다. 개방성이 높은 사람에게는 새로운 경험이나 변화가 있고 창의적인 작업을 할 수 있는 직업, 성실성이 높은 사람에게는 일을 체계적으로 진행하며, 달성해야 할 목표가 명확한 직업, 외향성이 높은 사람에게는 사람들과 상호작용을 주로 하는 직업, 친화성이 높은 사람에게는 타인과의 협력을 통해 성과를 낼 수 있는 직업, 신경증적 성향이 낮은 사람에게는 스트레스가 많지만 높은 성과를 낼 수 있는 직업을 권한다. 이러한 방식으로 현재 개인이 보이는 각 요인의 수준에 맞춰 직업을 권하는 것은, 현재 보이는 성격 특성이 직업을 가진 이후에도 지속될 것임을 전제한다. 다시 말해, 특질론적 관점에서 개인의 성격이 변하지 않을 것임을 전제하는 것이다.

하지만 최근 연구들에서는 특질론적 관점에서 개인의 성격이 변화할 수 있음을 보여 주고 있다. 특히, 청년기의 경험이 개인의 성격에 영향을 준다는 연구 결과들이 있다. Roberts와 동료들(2003)은 청년기에 더 성공적이고 만족스러운 경력을 경험한 사람들은 정서적 안정성과 성실성이 상대적으로 더 많이 증가함을 확인하였고, Roberts와 Wood(2006)는 청년기에 사회적 역할을 안정적으로 유지하고 그 역할에 투자하는 사람들은 사회적 지배력, 성실성, 정서적 안정성이 증가함을 확인하였다. 반면, 직장 생활을 하면서 도둑질, 공격성, 허위 주장 등과 같은 부정적인 행동을 하는 사람들은 성실성과 정서적 안정성이 감소하기도 하였다(Roberts, Walton, Bogg, & Caspi, 2006). 이는 직장 생활을 어떻게 하느냐, 특히 청년기에 자신에게 주어진 사회적 역할을 어떻게 해내느냐에 따라 성격이 달라질 수 있음을 시사한다.

게다가 직업 유형과 관계없이 직업에서의 수행(performance)에 영향을 주는 요인이 있기도 하다. 성격 5요인과 직업에서의 수행 간의 관계를 확인한 연구들을 메타 분석한 Barrick와 Mount(1991)의 연구에서 성실성은 전문직, 경찰, 관리자, 영업직, 숙련공과 같이 서로 성격이 다른 5가지 직업 집단 모두에서 직업 수행에 해당하는 직무 능력, 훈련 숙련도, 인사 데이터와 일관되게 관계가 있는 것으로 확인되었다. 경험에 대한 개방성은 5가지 직업 집단 모두에서 훈련 숙련도와 관계가 있는 것으로 확인되었다. 이는 어떤 직업을 갖더라도 성실성과 개방성은 해당 직업을 수행하고 성과를 내는 데 있어 긍정적으로 작용함을 시사한다. 물론 이 연구에서 특정 직업군에 유리한 성격 요인이 있음도 확인되었다. 외향성은 사람들과 상호작용을 주로 하는 관리자나 영업직의 직업 수행을 예측하는 타당한 변인으로 확인되었다. 이 밖에 다른 요인들도 특정 직업에서 직무 성과를 설명하는 것으로 확인되었으나 그 값이 매우 작게 나왔다.

지금까지 성격 특질론에 따라 성격을 바라보는 관점에 근거하여 만들어진 성격

5요인 모형과 이를 기반으로 수행된 연구 결과들을 살펴보았다. 이 연구들에서 개인의 성격이 경험, 특히 성인기 이후의 경험에 의해 달라지기도 한다는 것이 확인되었다는 점, 특정 요인이 특정 직업과 매칭될 수도 있으나 어떤 요인은 직업 유형과 특성에 상관없이 직업적 성과를 예측할 수 있다는 것은 직업 선택 시 혹은 경력개발 시 성격을 어떻게 고려해야 하는지에 대한 시사점을 제공한다. 이는 성격의 개발 가능성을 고려하지 않고, 각 특성과 특정 직업을 일대일로 매칭하는 접근은 바람직하지 못하며, 성격과 직업의 관계를 제대로 이해하지 못한 접근임을 암시한다. 물론, 현시점에서 자신의 성격이 어떠한지 확인해 보는 것은 자신을 이해하고 진로에 대한 의사결정을 내림에 있어 도움이 된다.

3. 진로 발달과 주도적 성격

진로 및 경력개발 영역에서 직업 성과를 예측하는 주요 변인으로 주목하고 있는 성격은 주도적 성격 혹은 적극적 성격이다. Bateman과 Crant(1993)는 진로 상담 및 조직 행동 분야에서 주도적으로 행동하는 것의 중요성을 언급하며 이를 정의하고 다른 변인들과의 관계를 확인하였다. 이들은 주도적 행동을 개인의 성향으로도 볼 수 있다며 주도적 성격이라는 용어를 사용하면서 이러한 특성을 지닌 전형적인 모습을 기술하였다. 이들에 따르면 주도적 성격을 가진 사람은 상황의 압력에 제약을 받지 않으며 오히려 환경에 영향을 주어 환경을 변화시킨다. 반면, 수동적인 사람들은 자신의 환경에 반응하고 적응하고 환경에 의해 형성된다. 주도적인 사람들은 기회를 포착하고 결단력이 있으며, 변화할 때까지 행동하고 인내한다. 그들은 조직 안에서 조직의 비전을 변화시키고 문제를 해결할 수 있는 방법을 찾는다. 이러한 성격을 가진 사람들은 직무 선택이나 승진, 직업적 성공에서 더 높은 성과(Seibert et al., 1999)를 보일 뿐만 아니라 직업 스트레스 관리에 더 능숙하며(Kira et al., 2017), 직무 만족도(Crant, 2000)에도 영향을 준다.

주도적 성격과 관련 있는 변인들을 다룬 연구들에서는 주도적 성격을 개발할 수 있는 방법들을 제안하기도 하였다. Bateman과 Crant(1999)는 주도적 성격과 자기 효능감, 목표 지향성의 관계를 확인하고 이 두 변인이 주도적 성격을 예측하는 주요 변수로 작용한다고 하였다. 이는 주도적 성격을 개발하기 위해서는 자신의 능력을 믿는 것과 명확한 목표 설정을 하는 것이 중요함을 시사한다. 21세기에 직업 세계에서의 능동적 수행 개념으로 개인의 주도성(personal initiative)을 언급한 Frese와 Fay(2001) 역시 개인의 주도성(personal initiative)안에 주도적 성격을 포함시키면서 이를 개발하기 위해서 목표 지향적 태도를 갖는 것이 중요하며, 실패와 역경을 극복하려는 능동적이고 자기주도적인 태도가 필요함을 언급했다. 주도적 행동의 다양한 측면을 다룬 Parker와 Collins(2010)는 주도적 성격을 개발하기 위해 지속적인 학습이 중요하다고 말했으며, Tsaousis와 Nikolaou(2004)는 주도적 성격과 감성 지능이 밀접하게 관련되므로 주도적 성격 개발을 위해 감성 지능을 함양할 것을 권고한다. 감성 지능에는 자기 인식과 타인에 대한 공감이 포함되므로 자신의 감정 상태를 인식하고 감정이 행동에 미치는 영향을 파악하려는 태도를 기르는 것, 다른 사람의 감정을 이해하고 그들의 입장에서 상황을 바라보려는 노력을 하는 것은 주도적 성격을 개발하는 데 긍정적 영향을 줄 것이다.

직업적 성과와 만족에 영향을 주는 성격적 특성으로 주도적 성격을 다루고 있다는 것 역시 특정 성격 유형이 특정 직업을 선택하는 것에 영향을 줄 수 있다하더라도 실제 그 직업에서 성과를 내는 것은 얼마나 주도적으로 자신이 처한 환경에 영향을 주고 변화를 일으키려고 하는가와 더 관련됨을 시사한다.

지금까지 성격을 유형론적 관점, 특성론적 관점에서 어떻게 다루고 있는지, 각 관점에서 파악한 성격 정보를 진로탐색 및 결정에 어떻게 활용할 수 있는지를 살펴보았다. 또한, 진로탐색과 생애개발 분야 연구에서 성격적 측면으로 다루고 있는 주도적 성격에 대해서도 살펴보았다. 이 장의 초반에 성격의 안정성과 변화가능성에 대해 언급하며 시작했듯, 마무리에서도 이 부분을 강조하고자 한다. 지금까지 성격에 대한 내용을 살펴보면서 자신은 어떤 유형에 해당될지, 성격 5요인에서 말하는 각 차원에서 자신이 어느 정도 수준일지, 자신의 주도적 성격은 어느 정도일지에 대해서 생각했을 것이다. 혹시 그렇게 하지 않았다면 이후 제시되는 활동을 통해서 본 장에서 다룬 내용들을 자신에게 적용해 보기 바란다. 이는 현재 자신의 성격을 구체적으로 이해하는 데 도움이 될 것이다. 이와 동시에 자신이 앞으로 보완하거나 개발해야 할 특성은 무엇인지도 함께 생각해 보기 바란다. 어떤 활동과 경험을 통해 이를 보완하고 개발시킬 수 있을지 숙고해 보기 바란다. 두 가지 측면(현재 상태와 앞으로의 방향)을 모두 생각해 보는 것이 성격과 관련된 여러 학문적 성과들을 자신의 삶에 유용하게 활용할 수 있음을 기억하기 바란다.

 **03** **적용해 보기**

1. MBTI 성격 유형으로 자기 이해하기

　자신의 MBTI 성격 유형이 무엇인지 다양한 방법으로 확인해보고 해당 유형의 강점과 보완해야 할 점이 무엇인지 정리해 보세요. 특히, 진로탐색 및 결정 과정에서 자신이 고려해야 할 점이 무엇인지를 중심으로 정리해 보세요.

1) 나의 MBTI 성격 유형은 무엇이며, 해당 유형의 특성 중 자신을 잘 설명한다고
　 판단되는 내용들을 정리해 보세요.

2) 위에 정리한 내용들이 자신의 일상에서 어떤 모습이나 방식으로 드러나고 경험되는지 생각해 보고, 특히, 팀 과제를 하거나 아르바이트를 할 때처럼 특정 과업을 수행할 때 어떻게 드러나고 경험되는지 정리해서 적어 보세요.

3) 현재 고려하고 있는 직업이나 일이 있다면, 해당 직업이나 일을 수행함에 있어 앞에서 살펴본 자신의 성격이 강점으로 작용할 수 있을 만한 부분은 무엇인지, 취약점으로 작용할 거 같아 우려되는 부분은 무엇인지에 대해 정리해 보세요.

강점으로 작용할 수 있는 점	우려되는 부분

2. 주도적 성격 측면에서 자기 이해하기

진로 및 경력개발 분야에서 성격적 측면으로 다루고 있는 주도적 성격을 기르기 위해 어떤 활동과 경험을 하는 것이 좋은지 확인해 보고, 대학 생활 중에 실천으로 옮길 수 있는 구체적인 방법들을 5가지 이상 찾아서 정리해 보세요.

1) 다음은 일을 하는 과정에서 주도적 행동이 구체적으로 어떤 모습으로 드러나는지에 대한 설명(Parker, & Collins, 2010)이 포함된 표입니다. 현재 자신의 모습을 떠올려보면서 각각의 행동을 어느 정도 수준으로 하고 있는지 혹은 할 수 있을지 평가해 보세요.

범주	행동	내 자신에 대한 평가 (별점으로 평가: 5점 만점)
책임감을 가지고 개선하기	팀 활동이나 동아리 활동을 할 때 활동을 더 잘할 수 있도록 새로운 방법을 제안하거나 개선하려고 노력함.	
목소리 내기	팀 활동이나 동아리 활동 시 발생하는 여러 이슈에 대해 자신의 의견을 이야기함. 다른 사람과 다른 의견을 갖고 있거나 반대가 있더라도 자신의 의견을 말함.	
개인적 혁신	새로운 기술, 테크놀로지에 관심이 있고, 새로운 활동을 시도하거나 새로운 과제에 대한 아이디어에 관심이 있음.	
문제 예방	팀 활동이나 동아리 활동, 아르바이트 등 과업 수행 시 무언가 잘못되고 있다는 단서가 보이면 그 원인을 파악하려고 함.	
피드백 요청	자신이 수행한 과제에 대해 팀장이나 동아리장, 교사나 교수와 같은 사람들에게 피드백을 해 달라고 요청함.	
피드백 모니터링	팀장이나 동아리장, 교사나 교수와 같은 사람들이 어떤 성과 행동을 보상하는지 관찰하고, 이를 자신의 성과에 대한 피드백으로 활용함.	
역할에 대한 조율	자신에게 주어진 업무 할당과 역할 기대에 대해 다른 사람들과 조율함.	

2) 앞서 평가한 결과를 기반으로 자신이 잘하고 있는 점을 살리고, 부족한 점을 보완하기 위해 대학 생활 동안 영역별로 시도해 보면 좋을 활동 및 경험을 찾아 정리해 보세요.

영역	활동 및 경험
학업	
대인관계	
여가	
경제 활동	
기타	

4 진로와 흥미

개요 ▲

이 장에서는 흥미가 진로 및 직업 선택 과정에서 어떤 역할을 하고, 어떤 영향을 미치는지를 다루고자 한다. 우선, 흥미의 정의와 중요성을 간단히 다루고, 다음으로 흥미와 관련된 이론으로 홀랜드의 진로흥미이론과 칙센트미하이의 몰입(flow) 이론을 소개하고자 한다. 이 두 이론을 통해 진로에서의 흥미의 역할뿐만 아니라 흥미의 유형을 설명하고, 개인의 창의성과 성취감을 촉진하는 흥미의 기능도 함께 탐색해 보고자 한다. 흥미를 진로에 반영할 때, 단순히 흥미와 적성의 조화를 고려하는 것을 넘어, 진로를 직업에 국한하지 않고 여가, 취미, 사회 활동 등 다양한 영역까지 확장하여 바라보는 관점도 논의하고자 한다. 흥미는 고정된 것이 아니라 경험과 환경 변화에 따라 발전하거나 변화할 수 있다. 따라서 변화하는 흥미를 새로운 기회로 활용하는 유연한 접근법의 필요성도 강조하였다.

1. 흥미에 대한 이해

사람들은 재미있고 흥미로운 것에 자연스럽게 끌린다. 그 누구도 재미없고 하기 싫은 일을 굳이 하고 싶어 하지 않는다. 사람들은 학교와 직장에서 많은 시간을 보내고 에너지를 쓰기 때문에 나에게 흥미롭고 재미있는 공부와 일을 찾는 것은 당연하다. 따라서 진로를 고민하고 전공이나 직업을 선택할 때 무엇이 나에게 흥미로운지를 고민하는 것이 필요하다. 통계 조사 결과도 청소년들이 직업을 선택할 때 중요한 요인 중 하나로 흥미를 고려하고 있다는 것을 보여 준다(통계청, 2023).

학술적으로 정의하면, 흥미는 개인이 특정한 주제, 활동, 분야에 대해 지속적으로 관심을 가지는 심리적 경향성을 말한다(Holland, 1997). 사람들은 흥미를 가진 활동에 몰입하고 지속하고자 하는 동기를 갖게 된다. 따라서 자신의 흥미가 무엇인지 탐색하고 확인하는 일은 진로에서 언제나 특별한 위치를 차지한다. 진로 심리학자인 수퍼(Super, 1980)는 흥미가 개인의 성장과 진로 발달에서 중요한 역할을 한다고 보았다. 수퍼에 따르면, 진로에 대한 흥미는 만 8세 무렵부터 발달하기 시작하는데, 직업에 대한 환상을 가지면서 시작되고, 정보와 탐색을 통해 구체화된다. 청소년기에는 자신이 흥미와 역량을 가지고 있는 것과 아닌 것을 변별하는 과정을 거치고, 원하는 직업이 요구하는 흥미와 역량을 파악하면서 자신에게 적절한 직업을 찾고자 한다. 성인기 초기가 되면 지금까지 쌓아 온 자신에 대한 이해와 직업세계의 이해를 서로 연결시키려고 한다. 흥미는 그 과정에서 중요한 정보를 제공한다.

2. 흥미에 대한 이론

직업을 선택할 때 흥미를 고려하는 것은 왜 중요할까? 흥미는 어떤 역할을 할까? 그동안 많은 연구자들은 흥미에 관심을 갖고 연구를 하며 이론을 만들고 타당성을 검증해 왔다. 먼저, 진로에서 흥미의 역할을 집중적으로 탐색한 홀랜드의 이론을 살펴보고, 나의 진로 흥미 유형을 탐색해 보자. 다음으로 흥미가 있는 일에 대한 집중하는 태도를 일컫는 몰입에 대해 알아보면서, 흥미의 긍정적인 역할과 중요성을 이해하도록 하자.

1) 홀랜드 진로흥미이론

홀랜드 이론(Holland, 1996)은 존 홀랜드(John L. Holland)가 제안한 이론으로, 사람들의 성격과 직업 환경의 적합성을 중심으로 진로 선택과 직업 만족도를 설명한다. 이 이론에서는 사람들이 각자 다른 성격 유형을 가지고 있으며, 이러한 성격 유형에 맞는 직업 환경에서 더 큰 만족과 성취를 느낀다고 본다. 홀랜드는 현실형, 탐구형, 예술형, 사회형, 기업가형, 관습형의 여섯 가지 성격 유형과 환경 유형을 제시했는데, 이를 통해 사람들은 자신의 성격과 잘 맞는 직업을 더 체계적으로 찾을 수 있다고 보았다. 이 이론은 단순히 직업 선택 과정을 설명하는 데 그치지 않고, 개인의 성격과 환경이 어떻게 상호작용하는지를 깊이 이해하는 데에도 도움을 준다.

홀랜드 이론은 몇 가지 중요한 질문을 던지며 진로에 대한 깊은 통찰을 제공한다. 첫 번째 질문은 개인적 혹은 환경적 특성이 진로 선택과 참여에 어떻게 영향을 미치는가에 관한 것이다. 어떤 특성은 사람의 진로결정을 돕는 반면, 어떤 특성은 방해가 될 수 있다. 두 번째 질문은 직업의 안정성과 변화에 영향을 미치는 요인이 무엇인지 묻는다. 사람들은 직업을 바꾸거나 유지할 때, 자신과 환경 간의 적합성을 고려한다. 세 번째 질문은 진로문제를 가진 사람들에게 가장 효과적으로 도움을 줄 수 있는 방법은 무엇인가이다. 이 질문들은 개인의 성격, 환경, 두 요소 간의 관계를 종합적으로 이해하는 데 중요한 기초를 제공한다.

홀랜드 이론에는 몇 가지 기본적인 가정이 있다. 첫째, 사람들은 현실형, 탐구형, 예술형, 사회형, 기업가형, 관습형의 여섯 가지 성격 유형 중 하나에 속한다고 본다. 각 성격 유형은 특정한 활동과 직업 환경에서 더 큰 만족을 느끼도록 설계되어 있다. 둘째, 직업 환경 또한 이 여섯 가지 유형으로 나뉘며, 사람들은 자신의 성격과 유사한 환경을 선호한다. 셋째, 개인의 행동은 성격과 환경 간의 상호작용에 의해 결정된다. 특히 성격과 환경이 잘 맞으면 직업 만족도가 높아지고, 더 오랫동안 해당 환경에 머물 가능성이 커진다. 이러한 가정은 진로 선택이 단순히 개인의 능력이나 흥미뿐만이 아니라, 성격과 환경의 적합성에 따라 결정된다는 점을 강조한다.

이제 여섯 가지 흥미 유형을 자세히 살펴보자.

현실형은 사물, 도구, 기계, 동물 등을 직접 다루거나 조작하는 활동을 선호하는 유형이다. 이들은 공학, 체육학, 기술직과 같은 분야에서 두각을 나타내며, 교육적이거나 치료적인 활동에 대한 선호도는 낮다. 현실형 사람들은 항공기 정비사, 소방관, 경찰관과 같은 신체적 능력과 기술적 전문성이 요구되는 직업에 흥미를 보인다.

탐구형은 물리적, 생물학적, 사회·문화적 현상에 대한 논리적이고 체계적인 연구 활동을 선호한다. 이들은 분석적이고 탐구적인 성향을 가지고 있으며, 사회적이거나 설득을 요하는 활동을 선호하지 않는다. 탐구형 사람들은 의학, 자연 과학, 인문학, 사회 과학 등 다양한 학술 연구 분야에서 강점을 발휘하며, 과학자, 대학 교수, 연구원과 같은 직업에 흥미를 보인다.

예술형은 창의적이고 자유로운 활동을 선호하며, 언어, 음악, 신체, 자연 등을 활용한 자유로운 표현을 중요시한다. 이들은 규칙이나 정해진 틀에 맞춰 정리된 활동을 선호하지 않으며, 예술가, 배우, 디자이너, 영화감독 등 창의적인 직업을 선호한다. 예술형 사람들은 상상력과 표현력을 통해 새로운 아이디어를 창출하는 데 탁월하다.

사회형은 다른 사람과 소통하며 정보를 제공하거나 교육하고 치료하는 활동을 선호한다. 이들은 사물, 도구, 기계를 다루는 구조화된 활동보다는 사람들과 교류하며 도움을 주는 일을 좋아한다. 사회형 사람들은 교육, 상담, 사회복지, 간호와 같은 분야에서 활약하며, 교사, 상담가, 사회복지사와 같은 직업에 흥미를 보인다. 이들은 대인관계 기술과 공감 능력이 뛰어나다.

기업가형은 조직의 목표를 달성하거나 경제적 이득을 창출하기 위해 다른 사람을 설득하고 영향력을 행사하는 활동을 선호한다. 이들은 법학, 언론학, 정치학 등의 분야와 관련이 있으며, 정치인, 기업 경영자, 영업 사원과 같은 직업에 흥미를 보인다. 기업가형 사람들은 주도적이며 리더십을 발휘하는 데 능숙하고, 설득력과 영향력을 바탕으로 사람들을 이끄는 데 강점을 가진다.

관습형은 자료를 정리하고 분류하며, 체계적으로 처리하는 활동을 선호하며, 자유롭고 창의적이며 탐색적인 활동에는 큰 흥미를 느끼지 않는다. 이들은 상경, 회계, 문헌 정보학 등의 분야에서 두각을 나타내며, 은행원, 회계사, 사서와 같은 직업에 흥미를 보인다. 관습형 사람들은 업무를 조직화하고 관리하여, 세부 사항을 정확하게 처리하는 능력이 뛰어나다.

흥미 유형	선호하는 활동	덜 선호하는 활동	강점·역량	선호 직업 예시
현실형	도구, 기계, 신체적 조작 활동	교육적, 치료적 활동	신체적 능력, 기술적 전문성	항공기 정비사, 소방관, 경찰관
탐구형	체계적이고 논리적인 연구 활동	설득적, 사회적 활동	분석력, 문제 해결 능력	과학자, 대학 교수, 데이터 분석가
예술형	창의적이고 자유로운 표현 활동	관습적이고 체계적인 활동	상상력, 창의력, 표현력	예술가, 배우, 영화감독, 디자이너
사회형	정보 제공, 교육, 치료와 같은 대인 활동	사물, 도구, 기계 관련 체계적 활동	대인관계 기술, 공감 능력	교사, 상담가, 사회복지사, 간호사
기업가형	설득, 리더십 발휘를 통한 목표 달성 활동	관찰적, 상징적, 체계적인 활동	리더십, 설득력, 주도성	정치인, 기업 경영자, 영업 사원
관습형	자료를 체계적으로 조직하고 관리하는 활동	자유롭고 탐색적인 활동	조직화, 관리 능력, 정확성	은행원, 회계사, 사서

2) 칙센트미하이의 몰입 이론(Flow Theory)

몰입 이론(Csikszentmihalyi, 1990)은 심리학자 칙센트미하이가 제안한 이론이다. 몰입은 개인이 마치 시간 감각을 잃은 것처럼 어떤 활동에 완전히 몰두하고 즐거움과 성취감을 느끼는 심리적 상태이다. 몰입하고 있는 사람은 그 활동에 깊이 빠져들어 즐기면서, 자신의 능력을 최대한 발휘할 수 있는 상태가 된다. 몰입하기 위해서는 활동이 너무 쉽거나 어렵지 않고 자신의 능력과 적절히 균형을 이루는 것이 필요하다. 몰입은 학습, 창의성, 성과를 극대화하는 데 중요한 역할을 한다.

칙센트미하이는 몰입 상태의 특징이자 몰입 상태를 유도하고 유지하는 데 필요한 심리적 조건을 명확한 목표, 즉각적인 피드백, 도전(난이도)과 능력의 균형, 자기 인식의 상실, 시간 감각의 왜곡, 활동 자체에서의 즐거움이라고 말한다. 예를 들어, 활동의 목표가 명확하고 결과에 대한 피드백이 즉각적으로 제공되면, 개인은 과정에 더 깊이 집중하면서 몰입 상태에 도달할 수 있다.

개인이 흥미를 느끼는 분야에서 몰입 상태를 경험할 때 더 높은 만족감과 성취감을 느낄 수 있다는 점에서 몰입 이론은 진로 흥미에 중요한 시사점을 제공한다. 몰입 상태는 개인의 강점과 적성을 발견하고 성장하고 발전하도록 도움을 준다.

특히, 몰입 상태에서의 경험은 개인이 진로 선택 과정에서 자신에게 적합한 환경과 활동을 탐색하고 결정하는 데 유용한 기준이 될 수 있다. 개인이 흥미를 느끼는 활동일수록 몰입 상태에 더 쉽게 진입하고, 그 활동을 지속할 가능성이 높아진다. 몰입 상태에서 느끼는 성취감은 흥미를 더욱 강화시키며, 이는 자기효능감과 진로 성숙도를 높이는 데 기여할 수 있다. 흥미가 없으면 활동에 몰두하거나 몰입 상태를 유지하기 어렵다. 따라서 진로탐색 과정에서 흥미를 발견하고 이를 몰입 상태로 연결하는 환경과 활동을 염두에 두는 것이 필요하다.

3. 흥미와 진로 선택

흥미는 진로 선택과 발달에서 중요한 역할을 한다. 자신이 흥미를 느끼는 활동이나 분야를 직업으로 삼는 것은 개인적 만족과 성취감을 높이는 데 기여할 수 있다. 하지만 흥미는 직업에만 국한되지 않는다. 삶의 다양한 영역에서 흥미를 반영한 활동을 통해 자신의 삶을 더욱 풍요롭게 만들 수도 있다. 또한, 흥미는 고정된 것이 아니라 경험과 환경의 변화에 따라 발전하거나 변화할 수 있다. 따라서 흥미를 개발하고 새로운 진로에 반영하는 노력이 필요하다.

1) 직업에서 흥미의 역할

직업 선택에서 흥미의 역할을 체계적으로 연구한 대표적인 학자는 홀랜드(Holland)이다. 홀랜드는 개인의 흥미와 직업 환경 간의 적합성이 직업 만족도와 성공에 중요한 영향을 미친다고 보았다(Holland, 1996). 그는 다음과 같은 세 가지 핵심 질문을 통해 진로 선택과 직업 만족을 탐구했다. 첫째, 어떤 개인적 또는 환경적 특성이 진로 선택과 참여에 만족감을 줄 수 있는가? (또한, 어떤 특성이 진로 결정을 방해하고, 의사결정 과정에서 만족감을 떨어뜨리며 직업 성취를 어렵게 만드는가?) 둘째, 어떤 개인적 또는 환경적 특성이 직업의 안정성과 변화를 유도하며 평생 동안 지속적으로 직업 활동에 종사하도록 하는가? 셋째, 진로문제를 해결하는 데 있어 개인에게 가장 효과적인 도움을 제공하는 방법은 무엇인가?

홀랜드는 이러한 질문들에 대해 흥미와 직업 환경 간의 적합성을 중심으로 답을 찾고자 했다. 그는 사람들이 자신의 기술과 능력을 발휘하고, 태도와 가치를 표현할 수 있는 환경을 선호하며, 자신의 성격과 부합하는 직업을 선택한다고 가정했다. 또한, 직업 환경 역시 특정 성격 유형에 적합한 사람을 요구하며, 개인의 행동은 성격과 환경 간의 상호작용에 의해 결정된다고 보았다. 이를 바탕으로, 개인의 성격 유형과 직업 환경이 잘 맞을수록 직업 만족도가 높아질 가능성이 크다고 주장했다. 예를 들어, 분석적이고 체계적인 사고를 선호하는 홀랜드 코드 IC(탐구형과 관습형)를 가진 학생이라면, 연구직(I)이나 데이터 분석(IC)과 같은 직업을 선택했을 때 직업 만족도가 높아질 가능성이 크다. 이처럼 홀랜드 이론은 흥미를 고려한 직업 선택이 직업 만족과 성공의 중요한 요인임을 강조하며, 개인의 진로결정에서 흥미를 주요한 기준으로 삼는 것이 중요하다는 점을 시사한다.

2) 진로에서 흥미 반영하기

현실적으로 흥미를 직업에 반영하는 것이 항상 가능하지는 않다. 이는 직업 선택 과정에서 경제적 상황, 사회적 제약, 지역적 한계 등 다양한 현실적 요인들이 영향을 미치기 때문이다. 예를 들어, 특정 분야에 대한 흥미가 있어도 그와 관련된 직업 기회가 부족하거나, 관련 교육과 훈련을 받을 여건이 되지 않는 경우가 있을 수 있다. 또한, 가족의 기대나 경제적 책임과 같은 요인으로 인해 자신의 흥미와는 거리가 있는 직업을 선택해야 하는 경우도 흔하다. 하지만 진로를 직업에만 한정하지 않고 개인이 생애 전반에 걸쳐 수행하는 다양한 역할로 정의한다면, 흥미를 삶의 여러 측면에서 실현할 수 있다. 예를 들어, 여가와 취미 활동을 통해 창의성을 발휘하거나 정서적으로 만족감을 얻는 것도 흥미를 진로에 반영하는 방법이다. 예를 들어, 홀랜드 코드 A(예술형)를 가진 학생이라면 그림 그리기, 음악 연주, 글쓰기와 같은 창작 활동을 통해 자신의 창의적 열정을 발휘할 수 있는 취미를 가질 수 있다. 사회 활동이나 자원봉사는 흥미를 바탕으로 사회에 기여할 수 있는 중요한 기회이며, 자신의 관심 분야를 활용해 사회적 가치를 실현하는 방법이 될 수 있다. 예를 들어, 홀랜드 코드 S(사회형)를 가진 학생은 지역 아동 센터에서 학습 멘토링 봉사 활동에 참여하여 자신의 지도력과 협력 능력을 발휘하고, 다른 사람들에게 도움을 주는 과정을 통해 보람과 성취감을 느낄 수 있다. 마찬가지로, 홀랜드 코드 R(현실형)을 가진 학생은 지역 사회의 환경 정화 캠페인이나 생태계 보호 활동에 참여하며 자연과의 상호작용을 즐기고, 실질적인 변화를 만들어내는 데 기여할 수 있다. 이처럼 사회적 활동은 개인의 흥미를 실현함과 동시에 사회에 긍정적인 영향을 미치는 의미 있는 기회가 될 수 있다.

이처럼 흥미를 직업에만 국한하지 않고 다양한 활동에 반영함으로써, 개인은 직업 외의 삶의 다양한 영역에서도 성취감과 만족감을 경험할 수 있다. 흥미는 직업 선택에서 중요한 요인일 뿐만 아니라, 개인의 열정을 지속적으로 키우고 삶의 만족도를 높이는 핵심 요소가 될 수 있다.

3) 흥미의 변화와 적응

흥미는 비교적 안정적인 성격적 특성이지만, 개인의 경험이 확장되고 환경이 변화함에 따라 발전하거나 변화할 수 있다. 예를 들어, 대학생 시절에는 특정 분야에 흥미를 느끼지 않았더라도, 학업, 인턴십, 혹은 사회 활동을 통해 어떤 분야에 새롭게 관심을 갖게 될 수 있다. 따라서 새로운 환경에 유연하고 능동적으로 대처하며, 새로운 분야나 활동으로 흥미를 확장하려는 태도를 갖는 것이 중요하다. 처음에는 흥미가 높지 않은 직업에 종사하게 되더라도, 직업 내에서 흥미 요소를 찾아 추가하거나 배우기를 시도하고 탐색함으로써 직업만족도를 높이는 전략을 활용할 수 있다. 예를 들어, 홀랜드 코드 A(예술형)에 해당하는 사람이라면, 단조로운 업무 환경에서 창의적인 프로젝트를 제안하여 흥미와 관련된 요소를 적극적으로 반영함으로써 직업만족도를 높일 수 있다. 반면, 자신이 홀랜드 코드 C(관습형) 유형이 아니라고 하더라도, 행정 업무에 배치되었을 경우 기존 업무 절차를 배우는 과정에서 새로운 소프트웨어 사용법을 익히며 데이터 분석에 대한 흥미를 탐색해 볼 수 있다. 이러한 시도는 직업 환경에 대한 적응력을 높이고, 흥미를 확장할 수 있는 기회를 제공한다.

또한, 변화하는 사회에서 요구되는 기술이나 태도에 대해 열린 마음을 갖는 것도 중요하다. 오늘날의 직업세계는 빠르게 변화하고 있으며, 새로운 기술이나 지식에 대한 지속적인 학습은 필수적이다. 최근 많은 분야에서 인공지능(AI), 데이터 분석, 디지털 마케팅과 같은 기술이 점점 더 요구되고 있다. 따라서 이러한 변화에 적응하기 위한 꾸준한 자기 계발은 물론, 이직이나 창직과 같은 진로 전환도 점차 활발해지고 있다. 이러한 과정에서는 변화하는 환경 속에서 자신의 흥미를 탐색하고, 직업만족도를 높일 수 있는 방법을 적극적으로 찾는 것이 중요하다.

결론적으로, 흥미는 개인의 경험과 환경에 따라 변화할 수 있는 동적인 특성이기도 하다. 따라서 이러한 변화를 긍정적으로 수용하고, 자신의 진로와 직업에서 흥미를 재발견하고 확장하려는 태도를 갖는 것이 필요하다.

04 적용해 보기

1. 워크넷을 통한 진로흥미의 탐색

워크넷(www.work.go.kr) 직업심리검사를 통해 자신의 흥미 유형을 확인해 봅시다. 직업선호도 검사는 홀랜드(Holland) 이론을 기반으로 개인의 관심과 흥미를 다양한 영역에서 측정하여 적합한 직업을 안내하는 검사입니다. 워크넷 홈페이지에서 워크넷＞개인＞직업·진로＞직업심리검사 실시를 차례로 선택하여 클릭하면 직업심리검사를 할 수 있는 창이 나타납니다. 여기에서 검사 대상을 대학생, 측정 내용을 흥미로 체크하고 검색하면 3개의 검사가 나옵니다. 직업선호도 검사 S형(개정), 직업선호도 검사 L형(개정), 흥미로 알아보는 직업탐색(Job아드림) 중 시간에 따라 직업선호도 검사 S형(25분) 혹은 L형(60분)을 선택하여 검사를 수행하고 결과를 확인해 보세요.

1) 나의 직업흥미검사 결과

(1) 검사 결과를 확인하고 아래 표에 각 유형별 표준점수와 순위(1~6위)를 표기하세요. 상위 1, 2위가 흥미코드가 됩니다. 만약 점수가 같은 유형이 있다면, 모든 조합을 흥미코드로 적어 보세요.

나의 흥미코드:						
구분	현실형(R)	탐구형(I)	예술형(A)	사회형(S)	진취형(E)	관습형(C)
표준점수						
순위						

(2) 흥미의 육각형 모형 보고 답변하기

결과지에 나타난 흥미의 육각형을 보고 다음 질문에 대해 생각해 봅시다.

A. 육각형의 크기와 모양을 확인해 보세요.

B. 검사결과지의 표와 설명을 참고하여 자신의 흥미에 대해 설명해 보세요.

- 나는 흥미를 분명하게 알고 있는 사람인가요?
- 나는 탐색이 아직은 더 필요한 사람인가요?
- 나는 특정 분야에 뚜렷한 관심을 보이는 사람인가요? 다양한 분야에 관심을 가지는 사람인가요?

(3) 나의 흥미 유형 설명하기

결과지에는 각 유형의 특징과 성격 경향, 선호하는 관심 분야 등이 서술되어 있습니다. 또한 흥미 유형 별로, 흥미 특성, 자기 평가, 타인 평가, 선호 활동, 적성, 성격, 가치, 회피 활동, 대표 직업이 제시되어 있습니다.

A. 표에서 나의 흥미코드에 나온 유형들을 찾고, 내용에서 나를 잘 설명하거나 내가 동의하는 부분을 표시합니다. 형광펜으로 색칠하거나 체크 표시를 해 보세요.

B. 체크 표시한 내용을 중심으로 결과지의 내용을 조합하여 나의 흥미코드를 설명해 보세요.

2. 진로에서의 흥미의 역할 생각해 보기

1) 직업선호도검사 결과를 바탕으로 아래 표를 작성하세요:

흥미를 느끼는 활동/영역	
적성을 가진 활동/영역	

2) 아래 질문에 대해 답을 작성하세요.

나의 흥미와 적성이 일치하는 활동/영역이 있는지 살펴봅시다.

A. (만약 있다면) 다음 질문을 생각해 봅시다.

- 나의 흥미와 적성이 일치하는 활동/영역은 무엇인가요?
- 어떤 전공이나 직업을 생각하고 있나요?
- 흥미와 적성이 모두 일치하는 영역에서 성장하고 발전하기 위해 무엇을 해야 할까요?

A. (만약 없다면) 다음 질문을 생각해 봅시다.

- 내가 좋아하는 것과 잘하는 것이 다르다는 사실에 대해 어떻게 생각하고 있나요?
- 내가 좋아하는 것과 잘하는 것이 다르다는 사실은 나의 진로에 어떤 영향을 주고 있나요?
- 내가 좋아하는 것과 잘하는 것이 다를 경우 이를 조화롭게 활용할 방법은 무엇인가요?

3) 진로는 전공영역과 직업을 포함해서 다양한 삶의 영역과 역할을 포함합니다. 아래 표에 각 영역에서 흥미를 반영할 수 있는 활동이나 아이디어를 적어 보세요.

삶의 영역	나의 흥미를 반영한 아이디어
전공 영역/직업	
여가/취미	
사회 활동 및 자원봉사	
기타 영역	

5 진로와 재능·적성·역량

> **개요** ▲
>
> 이 장에서는 자기개발의 중요한 영역인 재능·적성·역량에 초점을 두었다. 관련 주요 개념이나 이론을 통해 재능, 적성, 역량이 진로개발에서 왜 중요한지를 설명하였다. 개인마다 자신만의 재능·적성·역량이 있기에 개인 간 차이와 개인 내 차이를 이해하고 자신의 훌륭한 수행을 끌어낼 수 있는 적성과 역량을 개발하는 것이 중요하다. 일과 관련해서 자신의 다양한 특성을 파악하고 강점이나 능력을 적극적으로 개발할 필요가 있다. 사람들은 서로 다른 다양한 능력을 갖추고 있으며 자신의 적성과 능력을 개발하고 학업, 직업, 생활 등에서 자신의 능력을 충분히 발휘하면 좋은 결과를 얻을 수 있을 것이다. 또한, 직업 장면에서의 적성과 역량에 대해 어떤 요구가 있는지, 적성과 역량을 구분하는 방식 등을 소개하였다. 구직 및 직업적 수행을 위해 직업기초능력, 직무수행능력, 구직능력 등을 통해 자신의 역량을 더욱 구체적으로 확인할 수 있다. 재능·적성·역량에 대한 이해를 바탕으로 재능·적성·역량을 확인하는 방법과 개발하는 방법을 제안하였다.

1. 재능, 적성, 역량[1]의 이해

재능(才能, talent)은 개인이 갖춘 재주와 능력을 의미하며, 재능이 있다는 것은 어떤 일을 수행하는 데 필요한 개인의 특성이 적합하다는 의미이다. 재능은 개인의 타고난 능력일 수 있고, 또한 개발과 훈련으로 얻게 된 후천적인 능력일 수 있

---

[1] 본 장에서는 문맥에 따라 재능, 적성, 역량, 능력 등을 유사한 의미로 사용한다.

다. 재능은 어떤 일을 수행하는 데 적합한 개인의 특성이라는 의미에서 적성을 재능으로 표현하기도 한다.

적성(適性, aptitude)은 어떤 일에 적합한 개인의 특성으로 그 일을 하는 데 필요한 역량을 의미한다. 그렇기에 재능과 적성은 때로는 통용되는 개념으로 직업 장면에서 직무를 수행하는 데 필요한 능력 또는 역량을 의미한다. 적성은 어떤 과제나 업무를 수행하는 데 개인에게 요구되는 특수한 능력을 뜻한다. 적성은 그 일을 잘 해낼 수 있는 개인의 능력으로 현재의 수준뿐만 아니라 미래의 성공 가능성을 의미하는 잠재적 능력까지 포함하고 있다. 물론 현재의 능력 수준이 높으면 좋은 결과를 빨리 얻을 수 있지만, 아직 직업세계에 진입하지 않은 청년이라면 미래에 수행할 직업에서 요구하는 능력을 충분히 개발하고 향상할 수 있을 것이다. 스스로 '능력이 부족하다, 적성이 맞지 않은 것 같다'라고 한탄하는 것은 매우 소극적인 모습이라고 할 수 있다.

역량(力量, competency)은 일반적으로 어떤 일을 해낼 수 있다는 힘을 의미한다. 직무 역량에 대해 맥클리랜드(David C. McClelland, 1973)는 특정한 상황이나 직무에서 정해 놓은 기준에 따라 성공적인 수행을 가능하게 하며, 평범한 수행자와는 구분되는 우수한 수행자의 내적 특성이라고 한다. 역량 또한 직무 수행에 필요한 능력과 특성을 의미하므로 능력과 재능의 의미를 포함하고 있다. 하지만 역량은 타고난 재능, 성향보다는 일반적으로 길러진 능력이나 특성의 의미가 더 크다. 직무 역량을 설명하는 개념 중 스펜서와 스펜서(Lyle M. Spencer & Signe M. Spencer, 1993)는 '특정한 상황이나 직무에서 구체적인 준거나 기준에 비추어 평가했을 때 효과적이고 우수한 성과의 원인이 되는 동기, 특질, 자기개념, 지식, 기술 등의 개인 내적 특성'이라고 정의하였다. 더 구체적으로 역량은 개인의 내적 특질, 성과의 원인, 준거 기준이라는 세부적인 개념을 포함하고 있다. 내적 특질은 다양한 상황에서 개인의 행동을 예측할 수 있는 개인 내적 심층적이면서 지속적인 특성을 의미하며, 성과의 원인은 행동이나 성과를 예측할 수 있는 측면을 의미하고, 준거 기준은 개인의 우수성을 구체적인 준거나 기준에 의해 예측하는 측면을 뜻한다. 따라서 역량은 천부적인 재능보다 더 광범위한 개념으로 좋은 결과를 창출하는 다양한 요소에 대한 총칭이라고 할 수 있다.

이상 개인의 능력을 의미하는 재능, 적성, 역량 등을 살펴보았다. 이 개념들은 공통으로 일과 관련된 개인의 내적 특성부터 실천적 행동까지 일을 성공적으로 수행하는 데 기여하는 모든 요소를 의미한다. 그러므로 누구든 자신만의 고유한 특성과 노력을 통해 역량을 갖출 수 있다는 것이다. 즉, 사람은 누구나 재능과 역량이 있기에 자신만의 특성과 역량을 정확히 알고 적극적으로 개발하는 것이 중요하다.

2. 적성의 개인 내 차이와 개인 간 차이

앞서 살펴본 바와 같이 적성은 개인의 내적 특성이며 어떤 일을 하는 데 필요한 잠재적 능력이다. 개인은 각자 자신만의 내적 특성이 있으며, 이러한 특성은 단순히 한두 개가 아니라 매우 복합적이다. 이러한 특성들은 다양한 수행 장면에서 나타나며, 특정 상황에 따라 발휘되는 내적 특성이 다르고, 상황에 따라 여러 특성이 복합적으로 발휘될 수 있다. 즉, 개인은 다양한 내적 특성을 나타내면서 여러 수행 결과를 만들어 내고, 결과적으로 일의 수행 과정을 거쳐 수행의 결과로 나타난다.

적성이 개인의 내적 특성이므로 서로 다른 상황에서 다른 적성들이 발휘된다. 개인이 지닌 다양한 적성 영역 간에는 질적, 양적인 차이가 존재한다. 학자들은 우리가 가진 적성을 세분화하고 명료화하기 위해 적성을 다양한 영역으로 구분하고, 구분된 적성 영역 간의 차이를 이해하고자 하였다. 즉, 개인이 지닌 적성 중에 질적으로 더 우수한 수행을 만드는 적성이 있고, 상대적으로 수행의 결과가 미흡한 영역이 있다. 이러한 수행 결과의 차이가 적성 간의 차이라고 할 수 있으며, 그러므로 개인의 내적 영역에서의 개인차가 존재한다는 것이다. 예를 들어, 음악적 재능이 있는 친구가 추상적 논리 추리 능력이 상대적으로 약할 수 있다. 또는, 국어나 외국어 같은 과목을 잘하지만, 과학은 어려워하는 경우 등이 이러한 적성 간의 차이이다. 개인 내에서 이러한 적성 간의 차이가 존재할 수 있으며, 이러한 차이를 개인 내 차이라고 한다. 그러므로 자신이 더 잘하고, 더 재능 있는 영역을 발견하고, 더 발전시키는 노력이 필요하다.

다른 한편, 개인과 개인 간에도 적성의 차이가 존재한다. 사람마다 자신만의 특성과 재능이 있으므로 우리는 각자 자신만의 재능이 있다. 예를 들어, 사람들 앞에서 발표를 잘하고 말을 능숙하게 하는 친구가 있는가 하면, 남다른 운동 신경과 경기력으로 운동을 잘하는 친구가 있고, 또 이와 다른 나만의 재능과 적성이 있을 수 있다. 누구나 잘하는 것, 특별히 재능이 있는 분야가 있기에 자신과 타인을 비교하여 자신이 부족하다고 판단할 필요가 없다. 재능과 적성은 단순히 키 재듯이 비교할 수 있는 것은 아니기 때문이다. 자신의 적성은 타인과 같지 않을 뿐이지, 타인과 비교하여 부족하다고 느낄 필요는 없다. 단순하게 타인과 특정 적성을 비교하게 되면 상대가 더 잘하고 더 재능 있는 것으로 보여 자신을 매우 부족하다고 평가하게 된다. 그러므로 단순히 같은 적성을 같은 기준으로 비교하는 것이 아니라 개인의 내적 차이를 이해해야 한다. 자신의 내적 특성에서 적성 영역을 발견하고 이를 자신의 적성으로 인식하여 타인과 차별화된 자신만의 적성을 만들어 가는 것이 중요하다.

다시 강조하지만, 자신의 여러 적성과 적성 간의 차이를 아는 것은 유용하다. 개인의 적성 중에서 더 뚜렷한 영역이 있다면 이는 학과나 계열 선택, 전공 심화 선택, 향후 직업 영역 등을 결정하는 데 매우 중요한 참고 지표가 될 수 있다. 그렇기 때문에 개인의 적성을 파악하는 것이 필수적이며, 아직 분명하지 않다면 적극적 탐색, 지속적 개발을 통해 자신의 적성을 명료화시키고 진로를 설계하는 데 활용하기를 바란다.

3. 직업능력

앞에서 살펴본 바와 같이 개인이 어떤 적성과 재능이 있는지를 확인하고, 자신의 적성이 어떤 일과 직업에서 요구하는 능력에 더 적합한지를 알 필요가 있다.

다른 한편, 개인이 어떤 일을 수행할 때 그 일과 직업에서 무엇을 중요하게 요구하는지, 어떤 적성이 필요한지에 대해 알아보는 것도 매우 중요하다. 즉, 일과 직업을 수행하는 데 필요한 능력을 알아야 자신의 적성과 맞는지, 어떻게 더 개발할지에 대해 구체화할 수 있다. 여기에서는 직업 장면에서 요구하는 능력에 대해 직업기초능력, 직무수행능력, 구직능력 중심으로 필요한 능력을 정리해 본다.

1) 직업기초능력

직업기초능력은 모든 직업에서 직무를 수행할 때 필요로 하는 능력을 의미한다. 각종 직무에서 직급이나 역할과 상관없이 모든 직업인이 갖춰야 할 가장 기본적인 필수 능력이다. 직업기초능력은 직무를 수행하는 데 필요한 지식, 기술, 태도 등을 모두 포함하고 있다. 개인은 직업세계에 진입하기 전에 많은 교육을 받고 다양한 훈련과 연습의 기회를 경험한다. 아동, 청소년기부터 상당히 많은 시간의 교육과 훈련에서 이러한 직업기초능력을 학습했다고 볼 수 있다.

직업기초능력에 대해 여러 관련 기관이나 학자가 세부적인 능력을 구분해서 전반적인 직업기초능력을 제시하였다. 예를 들어, 국가직무 능력표준(NCS, national competency standards)[2]에서 제시한 직업기초능력은 의사소통능력, 수리능력, 문제해결능력, 자기개발능력, 자원관리능력, 대인관계능력, 정보능력, 기술능력, 조직이해능력, 직업윤리이다. 한국고용정보원의 보도 자료에 따르면 기업에서 중요하게 생각하는 역량은 조직이해능력, 문제해결능력, 도전정신, 팀워크, 커뮤니케이션, 글로벌 마인드, 목표의식, 대인관계 형성능력, 윤리의식, 수리능력, 정보기술활용능력, 자기개발 등이다. 기업에서 중요하게 생각하는 역량 또한 직업기초능력에 해당하는 내용이 많으며, 어떤 직업을 수행하든 이와 같은 기초적인 직업능력을 중요하게 생각한다는 것을 알 수 있다. 본 소절에서는 국가직무 능력표준(NCS)에서 제시한 직업기초능력을 살펴볼 것이다.

국가직무 능력표준(NCS)에서는 총 10개의 직업기초능력을 제시하였다. 필수 직

---

2) 국가직무 능력표준(NCS)은 산업 현장의 직무를 수행하는 데 필요한 능력(지식, 기술, 태도)을 국가적 차원에서 표준화한 것으로 능력단위 또는 능력단위의 집합을 의미한다(https://www.ncs.go.kr). NCS는 크게 직업기초능력과 직무수행능력에 해당하는 산업별 역량체계로 분류된다.

업능력으로 의사소통능력, 수리능력, 자원관리능력을 제시하였고, 선택 직업능력으로 문제해결능력, 자기개발능력, 대인관계능력을 제시하였다. 산업 공통 직업능력으로 정보능력, 기술능력, 조직이해능력을 제시하였고, 공통 직업의식으로 직업윤리를 제시하였다. 이에 대해 9장에서 자세히 서술할 것이다.

2) 직무수행능력

직무수행능력은 특정 직업의 직무를 수행하기 위해 요구되는 지식, 기술, 태도 등이며, 직업 분야 및 업무의 수준에 따라 요구하는 특수한 능력이다. 직업 특성에 따라 직무수행능력을 분류하는 기준이 다양하여 각 직업에서 각각 다른 능력을 갖춘 사람을 선호한다. 개인은 각각의 적성을 갖고 있기에 자신의 적성과 맞는 직무수행 역량을 확인하는 것이 필요하다. 직무수행능력은 적성에 해당하는 특성 외에도 필요한 기능과 기술을 포함하고 있다. 개인 간 차이에서 설명했듯이 해당 직무에서 다른 조건이나 영향이 없다는 전제에서 적성이 적합한 사람이 그렇지 않은 사람보다 더 좋은 수행 결과를 얻을 수 있다. 그러므로 개인 내 차이를 고려하면 자신의 적성을 더 개발하고, 직무수행능력을 키울 필요가 있다. 여기에서 개인의 적성을 분류하는 다양한 방식을 살펴본다.

일반적으로 적성을 설명하는 방식이 다양하며, 그중에서도 가드너(Howard Gardner, 2006)의 다중지능이론을 활용하는 경우가 많다. 본 절에서는 가드너(Gardner, 2006)의 다중지능이론에서 제시한 영역과 한국직업능력연구원에서 제시한 영역을 중심으로 살펴본다. 가드너는 사람들이 모든 범위의 지능을 가지고 있으나 각각 다른 영역의 우세 지능이 있다고 주장한다. 이론의 초·중기에 그는 지능의 영역을 총 8가지로 구분하여 각 영역은 서로 다른 지능 특성이라고 한다. 8가지 지적 영역이 개인의 적성을 설명하는 데 많이 활용되어 이 이론을 근거로 개발된 적성검사를 많이 보급하여 사용하고 있다. 가드너의 다중지능이론에 따른 적성은 언어영역, 논리수리영역, 음악영역, 신체운동영역, 공간지각영역, 인간친화영역, 자기성찰영역, 자연친화영역으로 총 8가지로 구분된다. 후기에 와서 가드너는 아홉 번째 지능으로 실존적 지능(영성 지능)을 추가하여 현재는 총 9개 지능영역이 있다. 이 중에서 사람마다 여러 영역의 적성이 있을 수 있으며, 이러한 분류 방식으로 자신의 적성을 발견하고, 잘할 수 있는 직무를 중심으로 진로를 설계할 수 있다.

한국직업능력연구원에서는 가드너의 다중지능이론에 기초하여 11개의 적성 영역을 측정하는 청소년용 직업적성검사를 개발하였다. 이 검사에 따르면 우리의 적성 영역은 신체운용능력, 손재능, 공간지각력, 음악능력, 창의력, 언어능력, 수리논리력, 자기성찰력, 대인관계능력, 자연친화력, 예술시각능력으로 구분할 수 있다고 한다(www.career.go.kr). 가드너의 다중지능영역 외에 손재능, 창의력, 예술시각능력이 추가된 적성검사이며, 누구나 무료로 이 검사를 해 볼 수 있다. 그 외에도 홀랜드의 육각형 모형의 RIASEC 영역으로 적성을 실재형, 탐구형, 예술형, 사회형, 진취형, 관습형으로 구분하고, 이에 근거하여 개발된 적성검사가 있다.

국가직무표준(NCS)에서 직업 특성에 따라 직무수행능력 대분류를 총 24개로 나누었다. 이러한 대분류 영역은 다양한 직무를 아우르고 있으며, 각 직업 영역은 각각의 직업적 역량을 요구하고 있다. 각 직업 영역에서 요구하는 역량을 확인하고 자신의 적성과 능력을 고려해서 진로설계 및 진로 선택을 할 필요가 있다. NCS의 직업 분류체계는 대분류, 중분류, 소분류, 세분류로 층위와 영역을 나누고 있으며 대분류 24개, 중분류 81개, 소분류 273개, 세분류 1093개로 구성된다. 직무수행능력에 대해 또한 9장에서 더 구체적으로 알아볼 수 있다.

3) 구직능력

구직능력은 직업을 구하기 위해, 특히 취업을 준비할 때 갖춰야 할 능력을 의미한다. 직업을 갖는 방법은 여러 가지가 있다. 전통적인 구직 맥락에서의 취업 준비부터 사회 변화에 따른 새로운 구직 방식까지 모두 구직능력이라고 할 수 있다. 여기에서 구직, 또는 직업을 갖는데 필요한 능력을 살펴본다. 전통적인 구직의 경우, 개인이 선호하는 조직에서 요구하는 임무를 수행할 수 있는 정도의 역량을 갖추고, 해당 조직은 그 조직에 진입하고자 하는 사람을 평가하여 고용을 성립시키는 것이다. 고용이 성립되려면 개인에게 필요한 준비와 거쳐 가야할 과정이 있다.

적극적이고 성공적인 구직활동을 위해 다음과 같은 준비가 필요하다.

우선, 일반적으로 구인정보, 직업정보, 조직의 다양한 특성 등을 탐색·분석하고 이에 상응하는 준비를 해야 한다. 조직의 채용 정보는 다양한 형태와 매체를 통해 알려지기 때문에, 일단 최신 정보를 정확하게 파악하는 것이 중요하다. 그리고 개인이 선호하는 조직에 대해 충분히 탐색하여 해당 직무와 관련된 기본 요구 조건, 조직의 근무 환경, 임금 및 복지 체계 등을 파악할 필요가 있다.

둘째, 구인정보를 확인해서 자신이 그 기업이나 조직에 꼭 필요한 사람이라는 것을 설득해야 한다. 그러기 위해 일반적으로 요구하는 졸업증명서, 성적표 같은 기본 서류, 자기소개서, 자격증, 관련 경력 증명서 등을 잘 정리해서 서면 자료로 자신이 적임자라는 것을 증명해야 한다. 수많은 지원자 중에서 어떤 지원자가 역량이 있고 준비된 사람인지를 평가하는 과정에서 잘 갖춰진 서면 자료가 매우 큰 역할을 하게 된다. 그러므로 이러한 서면 자료는 단순히 지원서를 작성할 때에만 해당하는 것이 아니라 지속적인 노력의 집합체가 서면 자료에 담기도록 준비해야 한다. 이 과정에서 글쓰기 능력 또한 매우 중요하다.

셋째, 채용 과정에서 면접 평가가 거의 필수적인 평가 절차 중에 하나이다. 면접에 대한 준비가 구직능력의 중요한 부분이다. 일반적으로 면접에서는 말을 잘 해야 한다고 생각하지만, 단순히 말을 유창하게 하는 것으로는 좋은 평가를 받기 어렵다. 더 중요한 것은 전달하고자 하는 메시지가 얼마나 논리적이고, 관련 내용들이 얼마나 풍부한가이다. 그리고 의사소통의 특성이나 면접 과정에서 보이는 태도, 성격적인 특성 등도 중요한 평가 항목이 될 수 있다. 이처럼 면접에서 평가하고자 하는 내용이 매우 다양하며, 또한 면접 형태에 따라 집단 면접이나 발표 면접 등 복합적인 방식으로 평가가 이루어진다. 성공적인 구직을 위해 선호하는 조직에 대한 탐색과 분석을 통해 충분한 준비를 해야 한다.

다른 한편, 구직은 기존 조직에 진입하는 것 외에 새로운 방식으로 직업 활동을 창출할 수 있다. 또한, 전통적인 직업 외에도 다른 형태의 직업을 가질 수 있다. 이런 의미에서의 구직은 전통적인 직업의 형태를 넘어 새로운 일의 형태를 창출하는 것을 고려할 수 있다. 사회적 변화에 따라 창직, 창업, 1인 기업, 유연한 고용 형태 등 모두 개인이 일이나 직업을 수행하는 형태가 될 수 있다. 따라서 개인이 지향하는 삶의 형태나 삶의 가치에 따라 다른 형식으로 직업을 가질 수 있다. 그런 경우 이에 상응하는 능력을 갖출 필요가 있다.

4. 재능·적성·역량의 확인

　재능과 적성은 개인의 고유한 특성이므로 자신의 재능과 적성을 알고 충분히 발휘하는 것이 중요하다. 자신의 재능과 적성을 파악하는 방법은 다양하며 여러 방법을 활용하여 자신의 재능과 적성을 확인할 수 있다. 다음과 같은 방법을 참고해서 재능과 적성을 확인하기 바란다.

　첫째, 자신의 평소 관심사와 주된 행동을 스스로 관찰해 본다. 자기관찰은 자신을 이해하는 매우 직접적인 방법이다. 흥미와 적성의 관계에서 알 수 있듯이, 흥미가 있어서 더 자주, 더 많이 해서 능력이 생길 수 있고, 또한 재능이 있어서 잘하게 되어 흥미가 발달할 수 있다. 한두 가지 특성만 고려하기보다 이와 같은 개인의 특성과 실제 수행을 다양한 측면에서 관찰해 볼 수 있다. 평소에 좋아하는 것, 즐겁게 하는 것, 잘하는 것이 무엇인지, 어떤 구체적인 관심과 수행을 하는지, 그렇지 않은 것과 어떻게 명확히 구분되는지를 확인함으로써 재능과 적성을 확인한다. 더 구체적으로는 학업, 교내·외 활동, 아르바이트 등 경험에서 자신을 관찰하고 수행 결과에 대해 스스로 평가해 볼 수 있다.

　둘째, 타인의 관찰과 피드백은 자기 이해를 돕는 좋은 방법이다. 가까운 가족, 친구 등 주변 중요한 타인은 오랫동안 우리를 관찰하고 잘 이해하고 있을 수 있다. 타인의 관점에서 본다면 '나'라는 사람은 어떤 모습이고, 무엇을 잘하는지, 어떤 영역에서 좋은 수행 결과를 만들어 내는지 등에 대해 객관적인 의견을 받을 수 있다. 그러므로 가까운 타인의 관점에서 자신을 객관적으로 평가할 수 있도록 요청하고, 이를 통해 자신을 더 종합적으로 이해해 볼 수 있다.

　셋째, 객관적이고 표준화된 심리검사를 활용해서 더 많은 정보를 얻는다. 심리검사는 측정하고자 하는 개인의 특성을 보다 정확하고 구체적으로 확인할 수 있다. 심리검사는 개인이 가진 다양한 내적 특성 간의 차이(개인 내 차이)와 다른 사람과 비교되는 나만의 특성(개인 간 차이)을 확인할 수 있다는 장점이 있다. 특히 표준화된 심리검사의 경우 전체 집단에서 자신이 어디에 해당하는지 등을 객관적으로 파악할 수 있어 심리검사의 결과 또한 유용한 정보를 제공한다.

이처럼 개인의 적성을 확인하는 방법은 다양하고, 단순히 한 가지 방식으로만 이해하기보다 다양한 상황 속에서 지속적으로 자기관찰하며, 타인의 피드백을 경청하고, 객관적 평가 등을 통해 종합적으로 자신을 이해하고 파악하는 것을 권장한다.

5. 재능·적성·역량의 개발

앞에서 재능, 적성, 역량의 개념을 살펴본 것처럼 재능, 적성, 역량은 충분히 개발할 수 있다. 또한, 재능, 적성, 역량의 특성과 이를 설명하는 다양한 개념과 이론에서도 개인의 내적 성장과 지속적 개발의 중요성을 강조하고 있다. 자신의 적성과 역량을 개발하기 위해 여러 가지 방법을 시도해 볼 수 있다. 이 절에서는 몇 가지 방법을 제안해 본다.

첫째, 자기 명료화 활동을 해 볼 수 있다. 앞에서 자신의 재능과 적성을 확인하기 위해 자기관찰이 유용한 방법이라는 것을 알 수 있다. 과거의 경험, 특히 성취 경험이나 긍정적으로 평가받은 영역에 대해 더 구체적으로 확인하고, 수행 결과에서 더 강점이 있는 세부적인 영역을 자세히 분석해 볼 수 있다. 좋은 수행 결과나 중요한 성취와 직·간접적으로 관련된 개인의 특성을 파악하고 더 적극적으로 개발하기를 권한다. 그리고 어떤 상황에서 더 좋은 수행 결과를 만들어 내는지를 확인하는 것이 도움이 된다. 수행 과정에서 또한 자기관찰과 타인의 피드백을 통해 자신의 능력을 더 개발해 볼 수 있다.

둘째, 지식 습득과 기술 연마를 해 볼 수 있다. 자신에 대해 명료화하고 더 개발하고자 하는 영역을 확인했다면 관련 지식, 기술 등을 더 높은 수준으로 끌어올려 볼 수 있다. 더 전문적인 교육이나 훈련, 다양한 독서, 세미나, 온라인 수강 등 활동을 통해 전문적 지식을 학습하는 시도를 할 수 있다. 그리고 전문적인 기술이나 실제 적용 능력을 향상하기 위해 다양한 공신력 있는 교육 훈련 기관에서 제공하는 교육 프로그램에 참여하는 것이 유용하다. 즉, 다양한 방법을 통해 지식 습득과 실제 적용 능력을 키우면서 자신의 적성과 역량을 개발해 볼 수 있다.

셋째, 공인 자격증[3]을 취득함으로써 적성과 역량을 개발한다. 이론적 지식과 기술을 습득하고 그 능력을 점검하기 위해 더 구체적으로 특화된 영역의 공인 자격증을 취득해 볼 수 있다. 다양한 분야와 다양한 수준의 자격증들이 있는데, 자신의 적성과 역량을 개발하기 위해 더 재능이 있는 분야의 자격증을 취득하는 방법이 있다. 자격증 취득을 통해 역량 개발뿐만 아니라 해당 분야에서 어느 정도 수준의 역량에 도달했다는 것을 인정받을 수 있다. 자격증을 취득하면 객관적으로 인정받은 능력, 그리고 공식적인 자격 증서를 갖추게 된다. 따라서 자신의 재능과 적성을 더 개발하기 위해 관련 분야의 자격증을 확인하고, 자격증 취득에 필요한 조건, 응시 자격, 도전할 수 있는 수준 등을 조사해서 준비해 볼 수 있다. 같은 분야에서도 여러 종류의 자격증이 있기 때문에 가능한 공신력 있고 평판이 좋은 자격증을 취득해야 한다. 그리고 자격이 급수로 나누어지는 경우가 있는데 처음에는 낮은 급수에서 시작하여 차근차근 높은 급수로 도전하는 것을 추천한다.

넷째, 다양한 경험을 통해 적성과 역량을 개발하고 축적해 보기를 추천한다. 적성과 역량을 개발하는 데에는 다양한 활동이 매우 도움이 된다. 학교생활에서 전공이나 교양 수업을 수강하는 것, 동아리 활동에서 여러 활동이나 주제를 다뤄 보는 것, 교·내외에서 다양한 프로젝트, 대회, 자원봉사, 인턴십 등 실제 활동에 적극적으로 참여하는 방법이 매우 유용하다. 이를 통해 실제 상황이나 실제 상황에 더 근접한 방식의 활동을 경험할 수 있기에 기존에 알고 있는 지식과 기술을 사용하고, 실제 경험을 통해 자신의 역량을 확인하고 더 지속적으로 개발하여 개선할 수 있다. 다양한 상황에서의 활동이 서로 보완이 되면서 보완과 발전으로 이어질 수 있다.

---

3) 자격증은 일반적으로 국제 수준의 자격증과 국내 수준의 자격증이 있다. 국내 수준의 자격증은 국가 수준에서 인정하는 자격증과 민간 자격증이 있는데, 민간 수준의 자격증의 경우 해당 역량을 인정하는 정도는 사회적으로 다르므로 자격증의 종류, 자격에 대한 인정 정도 등을 확인할 필요가 있다.

다섯째, 자기 성찰과 평가를 통해 지속적으로 적성과 역량을 개발하고 성장한다. 자신의 시고와 행동에 대해 지속적인 자기관찰과 성찰을 통해 자신이 무엇을 어떻게 하고 있는지를 파악하는 것이 중요하다. 무엇을 경험하고 있는지, 어떤 수행을 통해 어떤 결과를 얻었는지, 자신과 상황을 통합적으로 살펴봄으로써 자기 평가를 할 수 있다. 즉, 자신을 전체적으로 조망하고 평가하는 초인지적인 기법을 적용할 수 있다. 계획 - 실천 - 결과 확인 - 평가와 성찰의 과정을 순환적으로 긍정적인 방향으로 활용하면 더욱 도전적으로 한 단계씩 성숙해질 것이다.

05 적용해 보기

1. 나의 적성 탐색하기

다중지능검사를 활용하여 자신의 적성을 확인한 후, 조별로 토론을 진행해 보세요.

1) 다중지능검사 실시하기

다음 다중지능검사[4] 문항을 읽고 자신의 특성에 해당하는 정도를 체크하고, 결과 산출 방식에 따라 자신의 적성 유형을 확인해 보세요.

	문항	전혀 그렇지 않다	별로 그렇지 않다	보통이다	대체로 그렇다	매우 그렇다
1	취미 생활로 악기 연주나 음악 감상을 즐긴다.	①	②	③	④	⑤
2	운동 경기를 보면 운동선수들의 장단점을 잘 집어낸다.	①	②	③	④	⑤
3	어떤 일이든 실험하고 검증하는 것을 좋아한다.	①	②	③	④	⑤
4	손으로 물건을 만들고, 그림을 그리는 것을 좋아한다.	①	②	③	④	⑤
5	다른 사람보다 어휘력이 풍부한 편이다.	①	②	③	④	⑤
6	친구나 가족들의 고민거리를 들어주거나 해결하는 것을 좋아한다.	①	②	③	④	⑤
7	나 자신을 되돌아보고, 앞으로의 생활을 계획하는 것을 좋아한다.	①	②	③	④	⑤
8	자동차에 관심이 많고, 각각의 공통점과 차이점을 알고 있다.	①	②	③	④	⑤
9	악보를 보면 그 곡의 멜로디를 어느 정도 알 수 있다.	①	②	③	④	⑤

4) 이 검사는 www.multiiqtest.com에서 실시할 수 있다. 또한 이 검사는 실존 지능(영성 지능)영역이 추가되기 전에 개발된 검사로 8개 영역의 지능을 확인할 수 있다.

10	평소에 몸을 움직이며 활동하는 것을 좋아한다.	①	②	③	④	⑤
11	학교 다닐 때 수학이나 과학 과목을 좋아했다.	①	②	③	④	⑤
12	어림짐작으로도 길이나 넓이를 비교적 잘 알아맞힌다.	①	②	③	④	⑤
13	글이나 문서를 읽을 때 문법적으로 어색한 문장을 잘 찾아낸다.	①	②	③	④	⑤
14	직장 내 성희롱이 왜 발생하고 어떻게 해결하면 좋을지 알고 있다.	①	②	③	④	⑤
15	나의 건강 상태나 기분, 컨디션을 정확히 파악할 수 있다.	①	②	③	④	⑤
16	옷이나 가방을 보면 어떤 브랜드인지 바로 알아맞힐 수 있다.	①	②	③	④	⑤
17	다른 사람의 연주나 노래를 들으면 어떤 점이 부족한지 알 수 있다.	①	②	③	④	⑤
18	어떤 운동이라도 한두 번 해 보면 잘할 수 있다.	①	②	③	④	⑤
19	다른 사람의 말 속에서 비논리적인 점을 잘 찾아낸다.	①	②	③	④	⑤
20	다른 사람의 그림을 보고 평가를 잘할 수 있다.	①	②	③	④	⑤
21	나의 어렸을 때 꿈은 작가나 아나운서였다.	①	②	③	④	⑤
22	다른 사람들로부터 다정다감하다는 소리를 자주 듣는다.	①	②	③	④	⑤
23	내 생각이나 감정을 상황에 맞게 잘 통제하고 조절한다.	①	②	③	④	⑤
24	동물이나 식물에 관하여 많은 정보를 알고 있다.	①	②	③	④	⑤
25	다른 사람과 노래할 때 화음을 잘 넣는다.	①	②	③	④	⑤
26	운동을 잘한다는 말을 자주 듣는다.	①	②	③	④	⑤
27	회사 생활에서 발생하는 문제를 해결하는 절차와 방법을 잘 알고 있다.	①	②	③	④	⑤
28	내 방이나 사무실을 꾸밀 때, 어떤 재료를 사용해야 하고 어떻게 배치해야 할지 잘 알아낸다.	①	②	③	④	⑤
29	글을 조리 있고 설득력 있게 쓴다는 말을 자주 듣는다.	①	②	③	④	⑤
30	직장 동료나 상사의 기분을 잘 파악하고 적절하게 대처한다.	①	②	③	④	⑤
31	평소에 내 능력이나 재능을 계발하기 위해 노력하고 있다.	①	②	③	④	⑤
32	동물이나 식물을 좋아하고 잘 돌본다.	①	②	③	④	⑤
33	악기를 연주할 때 곡의 음정, 리듬, 빠르기, 분위기를 정확하게 표현한다.	①	②	③	④	⑤

34	뜨개질이나 조각, 조립과 같이 섬세한 손놀림이 필요한 활동을 잘할 수 있다.	①	②	③	④	⑤
35	물건의 가격이나 은행 이자 등을 잘 계산한다.	①	②	③	④	⑤
36	다른 사람으로부터 그림 그리기나 만들기를 잘한다고 칭찬받은 적이 있다.	①	②	③	④	⑤
37	책이나 신문의 사설을 읽을 때 그 내용을 잘 이해한다.	①	②	③	④	⑤
38	가족이나 직장 동료, 상사 등 누구와도 잘 지내는 편이다.	①	②	③	④	⑤
39	내 일정을 다이어리에 정리하는 등 규칙적인 생활을 위해 노력한다.	①	②	③	④	⑤
40	나는 현재 동식물과 관련된 직업에 종사하고 있다.	①	②	③	④	⑤
41	어떤 악기라도 연주법을 비교적 쉽게 배운다.	①	②	③	④	⑤
42	개그맨이나 탤런트, 주변 사람들의 행동을 잘 흉내 낼 수 있다.	①	②	③	④	⑤
43	어떤 것을 암기할 때 무작정 외우기보다는 논리적으로 이해하여 암기하곤 한다.	①	②	③	④	⑤
44	새로운 지식을 습득할 때 그림이나 개념 지도를 그려 가며 외운다.	①	②	③	④	⑤
45	학교 다닐 때 국어 시간이나 글쓰기 시간을 좋아했다.	①	②	③	④	⑤
46	내가 속한 집단에서 내가 해야 할 일을 잘 찾아서 수행한다.	①	②	③	④	⑤
47	어떤 일에 실패했을 때 그 원인을 철저히 분석해서, 다음에는 그런 일이 생기지 않도록 노력한다.	①	②	③	④	⑤
48	동식물이나 특정 사물이 갖는 특징을 분석하는 것을 좋아한다.	①	②	③	④	⑤
49	빈칸을 주고 어떤 곡을 채워 보라고 하면 박자와 전체 곡의 분위기에 맞게 채울 수 있다.	①	②	③	④	⑤
50	연기나 춤으로 내가 전하고자 하는 것을 잘 표현할 수 있다.	①	②	③	④	⑤
51	어떤 문제가 생기면 성급하게 결론을 내리기보다는 여러 가지로 그 원인을 밝히려고 한다.	①	②	③	④	⑤
52	고장 난 기계나 물건을 잘 고친다.	①	②	③	④	⑤
53	다른 사람이 하는 말의 핵심을 잘 파악한다.	①	②	③	④	⑤
54	다른 사람들 앞에서 프레젠테이션이나 연설을 잘한다.	①	②	③	④	⑤
55	앞으로 어떻게 성공해야 할지에 대해 뚜렷한 신념을 가지고 있다.	①	②	③	④	⑤
56	환경 문제를 해결할 수 있는 방법들을 많이 알고 있다.	①	②	③	④	⑤

2) 검사 결과 산출

다음 표를 이용하여 응답한 문항별 점수를 문항 번호 하단에 기재하고 영역별 응답 점수를 합산해 보세요. 합산 점수를 바탕으로 다음 공식에 따라 영역별 적성 점수를 산출해 보세요. 영역별 점수를 기준으로 높은 순위를 확인해 보세요.

$$각\ 영역별\ 적성\ 점수 = \frac{문항\ 합산\ 점수 - 7}{7} \times 25$$

지능(적성)영역	문항별 응답 점수							응답 합산 점수	적성 점수	순위
음악지능	1	9	17	25	33	41	49			
신체운동지능	2	10	18	26	34	42	50			
논리수리지능	3	11	19	27	35	43	51			
공간지능	4	12	20	28	36	44	52			
언어지능	5	13	21	29	37	45	53			
인간친화지능	6	14	22	30	38	46	54			
자기성찰지능	7	15	23	31	39	47	55			
자연친화지능	8	16	24	32	40	48	56			

3) 조별 토론 진행

• 개인별 적성 영역을 확인하고 개인 특성이나 행동과 연결하여 적성 영역을 설명해 보세요.
• 진로탐색, 진로 선택 과정에서 적성이 어떤 역할을 하는지, 진로 선택에 어떻게 반영되는지, 어떻게 활용할 수 있는지를 토론해 보세요.

2. 과거 수행을 통해 재능과 적성 확인하기

자신이 능력을 발휘한 상황이나 긍정적인 수행 결과가 나타난 상황을 종합해서 자신의 재능과 적성을 확인해 보세요.

영역	학업 영역	여가 영역	학교생활	대인관계
개인적 선호				
주요 성과				
타인의 피드백				

<종합하기>

주요 선호 영역: _____

주요 성과 영역: _____

주요 재능과 적성: _____

6 진로와 가치관

개요 ▲

본 장은 개인의 가치, 욕구 및 직업적 가치가 진로 선택, 직업 만족, 일의 의미에 미치는 영향을 설명하여, 진로결정에서 가치가 미치는 영향을 학습하는 것을 목적으로 한다. 이를 위해 가치의 정의를 학습하고, 개인의 가치 및 욕구와 직업 가치를 구분하여 살펴본다. 이러한 개인의 가치가 어떻게 형성되고 발달하는지를 확인하고 이에 영향을 주는 요인을 탐색한다. 또한, 개인의 가치 및 욕구와 직업 가치를 통합하여 개인이 어떻게 일을 통해 자신의 가치를 추구하고 만족스러운 직업 생활을 할 수 있는지와 일에서 의미를 경험할 수 있는지를 탐색하고 계획하도록 돕고자 한다.

1. 가치에 대한 이해

1) 개인의 가치

가치는 개인이 중요하다고 여기는 기준으로 개인의 행동과 태도를 결정하는 중심적인 신념 체계라 할 수 있다. 심리학자 올포트(Gordon Willard Allport)와 동료들(1960)은 인간이 갖는 다양한 가치를 6가지 유형으로 제시하였다. 이는 이론적 가치, 경제적 가치, 심미적 가치, 사회적 가치, 정치적 가치, 종교적 가치이다. 각 가치의 특성을 살펴보면, 이론적 가치 추구는 진리 탐구와 지식 축적을 중요시하는 것을 말하며, 경제적 가치 추구는 실용성과 효율성을 추구하고, 재정적 보상을 중요하게 생각하는 것을 말한다. 심미적 가치 추구는 아름다움과 창의성을 중요시하며, 사회적 가치 추구는 타인에 대한 사랑과 봉사를 중요하게 생각하는 것을 의미한다. 정치적 가치 추구는 권력이나 영향력 또는 리더십에 가치를 두는 것이고, 종교적 가치는 개인을 넘어서는 초월적 의미, 영성 및 궁극적인 삶의 목적에 관심을 갖는 것을 말한다. 올포트(Allport)는 이러한 6개의 가치는 개인에 따라 더 중요하게 여겨지는 정도가 다르다고 하였고, 6가지의 가치로 구성된 개인의 가치 체계는 진로 선택과 선택한 직업의 만족감에 영향을 준다고 하였다. 하지만, 이러한 개인의 가치는 직업을 통해서만 추구되는 것은 아니며, 삶의 전반에 걸쳐 영향을 미친다는 점에서 직업 가치 또는 일의 가치보다 더 포괄적인 개념이라 할 수 있다.

2) 개인의 욕구

욕구(need)는 가치와 유사하게 인간 행동의 동기를 설명하는 개념이지만, 개인의 '결핍'을 기반으로 이를 충족하려는 요구라는 점에서 차이가 있다. 인간의 욕구를 설명하는 대표 학자인 매슬로(Maslow, 1943)에 따르면 인간의 욕구는 생리적 욕구, 안전 욕구, 사회적 욕구, 존중 욕구, 자기실현 욕구의 5단계로 나뉘어진다. 이러한 5단계의 욕구는 단계적으로 충족되며, 하위 욕구가 충족되어야 상위 욕구를 추구하게 된다. 예를 들면, 음식, 물, 공기, 수면과 같이 생존에 필수 요소들로 생리적 욕구가 충족된 후에 신체적, 경제적 심리적 안전을 추구하게 된다는 것이다. 이와 같이 매슬로(Maslow)는 욕구가 하위 단계부터 순차적으로 충족된다는 것을 기본 가정으로 하고 있으나, 이후 이러한 욕구 충족의 순서는 개인의 상황이나 문화적 배경에 따라 달라질 수 있으며, 욕구 간의 상호작용으로 두 개의 욕구가 동시에 충족될 수도 있다는 유연한 관점이 제시되었다. 예를 들어, 소수자의 인권을 보호하는 인권 운동가는 자신의 생리적 욕구나 안전 욕구가 희생되더라도 타인에 대한 봉사와 기여를 우선시하며 사회적 욕구와 자기실현 욕구를 추구할 수 있다. 또한, 경제적으로 안정감을 주지 못하더라도 자기실현을 우선시 하며 창작 활동을 하는 예술가 역시 이러한 욕구 간의 위계가 존재한다는 매슬로(Maslow)의 기본 가정과는 다른 모습이라고 할 수 있다. 인간의 욕구에 대한 또 다른 대표적인 이론으로 자기결정성이론(Self− Determination Theory, SDT)이 있다(Deci & Ryan, 1985). 자기결정성이론에서는 인간의 심리적 성장과 내재적 동기를 충족하기 위한 3가지의 기본심리욕구인 자율성, 유능성, 관계성을 제시하였다. 자율성은 자신의 행동과 선택을 스스로 통제하려는 욕구이고, 유능성은 주어진 환경에서 성공적으로 기능하고 성취하려는 욕구를 말하며, 관계성은 타인과 연결되고 소속감을 느끼려는 욕구를 말한다. 자기결정성이론은 매슬로(Maslow)의 위계적 욕구이론에서 욕구를 위계적 구조로 본 것과는 다르게 3개의 욕구를 상호 독립적인 것으로 보았고 특정한 순서가 없이 모두 중요한 것으로 다루고 있다. 이는 욕구를 결핍에 초점을 두기보다는 성장 욕구를 강조한 것으로 이러한 기본심리욕구가 충족되면 인간의 내재적 동기가 강화된다고 하였다.

이와 같은 개인의 욕구는 개인의 가치 형성에 영향을 준다. 인간의 기본적인 욕구들이 충족될 때, 더 높은 수준의 가치가 형성될 수 있으며, 이러한 가치는 인간이 욕구를 충족시키는 방법을 결정하는 기준이 될 수 있다. 자율성이 충족된 환경에서는 창의성의 가치가 발현될 수 있다. 개인은 자신의 욕구와 가치를 충족할 수 있는 일을 선택할 때, 내재적인 동기가 높아지며, 이는 일과 삶의 만족감으로 이어진다.

2. 가치의 형성 및 발달

개인의 가치는 가족, 사회 및 문화의 영향을 받아 형성하며 환경과의 상호작용 속에서 학습되고 발달한다. 개인이 자신이 추구하는 가치를 명확하게 알기 위해서는 자신의 가치 형성에 영향을 미친 요소가 무엇인지를 알고, 그 발달 과정을 이해하는 것이 필요하다.

1) 가족, 사회 및 문화의 영향

(1) 가족의 영향

가족은 개인의 가치 형성과 발달에 큰 영향을 미친다. 가족은 생애 초기의 주요 학습의 장이 되는데, 사회학습이론에 따르면, 개인은 타인의 행동을 관찰하고 모방하고 이를 통해 강화와 처벌의 과정을 거쳐서 가치를 내면화하게 된다. 즉, 개인은 유년기 동안 부모 및 가족 구성원의 행동과 규범을 관찰하고 모방하는 등의 학습을 통해 자신의 가치를 형성하고 발달시키게 된다. 또한, 가족 구성원들과의 상호작용을 통해 신뢰와 존중 등의 가치를 형성하게 하는데, 이는 주로 부모와 같은 양육자와의 안정적이고 신뢰로운 애착을 통해서 이루어진다. 나아가 가족 내의 갈등 및 문제 해결 방식 역시 학습하게 되어 개인의 대인관계와 관련된 가치에도 영향을 주게 된다.

(2) 사회의 영향

개인의 가치 형성 및 발달은 가족을 넘어 다양한 외부 환경의 영향을 받는다. 아동 청소년기에는 또래 집단이나 교사와의 관계에서 영향을 받으며, 학교 교육을 통해서도 사회적으로 지향하는 가치들을 학습하게 된다. 나아가 성인기에는 직장과 같은 일 조직에서의 경험이 개인의 가치를 형성하고 강화하는 것에 영향을 미친다. 또한, 현대 사회에서는 대중매체나 다양한 미디어의 영향이 과거보다 더 커지고 있다.

(3) 문화의 영향

문화는 사회 구성원이 공유하는 신념, 가치, 규범, 관습, 언어, 생활 양식의 총체라고 할 수 있는데, 개인은 이러한 문화의 영향을 받아 가치를 형성하고 발달시킨다. 특히, 개인의 가치는 개인이 속한 문화에서 강조되는 가치의 영향을 받는데, 잉글하트와 웰젤(R. Inglehart & C. Welzel)의 세계문화지도(World Cultural Map)를 통해 한국 사회의 문화를 이해하는 데 유용한 자료가 될 수 있다. 세계문화지도는 1981년부터 주기적으로 잉글하트와 웰젤이 제시한 모델에 따라 세계 여러 나라의 가치 체계와 문화적 특성을 구분하여 시각적으로 제시한 것으로, 세로축은 '전통적 가치'와 '세속-합리적 가치'를 나타내고, 가로축은 '생존 가치'와 '자기표현 가치'를 나타낸다. 전통적 가치가 높다는 것은 종교, 가족, 국가 및 전통적 권위에 대한 존중을 반영하며, 종교적 믿음, 낙태, 이혼, 동성애 등에 보수적인 태도를 나타낸다. 반면, 세속-합리적인 가치가 높다는 것은 합리성과 과학적 사고를 반영하며, 종교나 권위보다는 개인의 선택과 자율성을 중시하여 더 개방적인 태도를 보이는 경향성을 나타낸다. 이에, 세계문화지도의 세로축에서 아래에 위치할수록 전통적 가치를 강조하는 것을 의미하며, 위쪽으로 위치할수록 해당 국가에서 세속-합리적인 가치를 추구하는 문화라는 것을 보여 준다. 생존 가치가 높다는 것은 경제적, 신체적 안전을 강조하여 외부 집단에 대한 불신이 높으며 사회 변화에 보수적인 태도를 보일 수 있다. 자기 표현 가치가 높다는 것은 개인의 자율성과

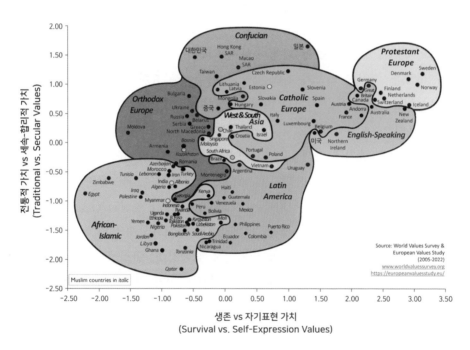

[그림 6-1] 잉글하트-웰젤의 세계 문화 지도 2023
(The Inglehart-Welzel World Cultural Map 2023)

출처: The Inglehart-Welzel World Cultural Map-World Values Survey 7 (2023).
　　Source: http://www.worldvaluessurvey.org/

창의성을 중시하며, 다양성을 지지하며 외부 집단을 수용하고자하는 태도를 보일수 있고, 민주적 참여와 인권을 존중하는 것을 중요하게 여긴다. 이러한 세계 여러나라의 가치와 문화의 변화를 반영하며 주기적인 조사가 이뤄지는데, 7번째 조사(2017~2022년)에는 총 80여 개국이 참여하였다. 그 결과는 [그림 6-1]에 제시되어 있다. 2023년에 발표된 자료에 따르면, 전 세계적으로 세속적-합리적 가치와자기표현 가치가 증가하는 추세이며, 경제적으로 부유한 국가일수록 전통적 가치보다는 세속적 가치를 중시하는 경향이 나타났다. 또한, 경제적 안정과 교육 수준이 높은 국가에서 자기표현 가치가 더욱 강조되었다. 한국의 경우, 세속-합리적가치와 생존 가치 사이에 위치하고 있는데, 이는 가족 중심의 가치와 개방성이 공존하는 특징을 반영한다.

2) 가치의 발달

개인의 가치는 생애 발달 과정에서 변화하게 되는데, 진로이론가인 수퍼(Super, 1970)는 개인의 가치가 직업 선택과 만족에 중요한 영향을 미친다고 보았고, 이러한 가치는 개인의 발달과 함께 변화한다고 하였다. 수퍼는 개인의 진로는생애초기부터 노년기에 이르기까지 전 생애 걸쳐서 발달이 이루어진다고 보았는데, 이러한 생애 주기에 따라 개인의 가치도 변화한다는 것이다. 수퍼가 제시한생애주기는 성장기(0~14세), 탐색기(15~24세), 확립기(25~44세), 유지기(45세~65세),쇠퇴기(65세 이후)로 나뉜다. 성장기에는 기초적인 가치가 형성되고, 탐색기에는 다양한 경험을 통해서 성취, 자율성과 같은 가치를 구체화하게 된다고 하였다. 확립기에는 직업 선택과 역할 수행이라는 가치를 실행하며, 안정성과 성취의 가치가중요시 되며, 유지기에는 역시 안정성과 사회적 기여가 강조되고, 쇠퇴기에는 사회적 기여나 후세대와의 연결이 강화되는 시기라고 하였다. 또한, 개인은 삶에서학생, 직장인, 배우자, 시민, 여가인 등과 같은 다양한 생애역할을 수행하게 되는데, 개인이 수행하는 역할에 따라 가치의 우선순위도 달라진다고 하였다. 예를 들어, 직장인은 성취의 가치를 중요시하지만, 부모로서 역할을 할 때는 가족의 가치가 중요시 될 수 있다는 것이다. 이와 같은 가치는 고정된 것은 아니며 개인의 발달 단계와 생애역할 및 환경과의 상호작용 속에서 조정된다.

3. 일을 통해 얻을 수 있는 가치와 충족되는 욕구

개인의 가치와 욕구는 개인의 삶을 통해 추구되고 충족되는 것인데, 이러한 가치와 욕구는 '일'을 통해서도 얻고 충족될 수 있다. 본 장에서 논의하는 '일'은 직업을 포함하여 개인이 일생에서 하는 모든 활동을 포괄하는 용어로 사용하는데, 여기에는 가족 구성원에 대한 돌봄과 양육의 일도 포함된다. 이러한 직업 또는 일에 대한 가치는 일을 통해서 추구하는 가치라는 점에서 앞서 논의한 개인 가치나 개인의 욕구보다는 구체적이다.

1) 일의 가치

개인이 일을 통해서 얻을 수 있는 가치에 대해서 진로학자가 제시한 내용과 가치관 검사를 통해서 제시된 직업 가치는 다음과 같다.

(1) 수퍼의 일의 가치

진로학자인 수퍼(Super)는 개인의 진로 선택과 만족에서 직업 가치를 중요한 요소로 보았고, 이를 확인할 수 있는 직업 가치 검사(Work Values Inventory: WVI)를 개발하였다. 개인이 자신이 갖고 있는 직업 가치가 무엇인지를 이해하고, 이에 부합하는 직업 환경을 찾는다면, 직업에서 만족을 느낄 수 있다는 것이다. 수퍼가 제시한 직업 가치 목록은 몇 차례 수정되었는데, 성취, 안정성, 독립, 사회적 인정, 도전, 창의성, 사회적 기여가 포함되어 있다. 성취는 일을 통해 목표를 달성하고 성과를 내는 것을 의미하며, 안정성은 고용의 안정성 및 직업의 장기적인 지속가능성을 나타내며, 독립은 자율성을 갖고 스스로 의사결정을 내리고 자신의 방식으로 일할 수 있는 자유를 중요시하는 것을 말하며, 사회적 인정은 자신의 능력과 성과를 존중받고 인정받는 것을 의미한다. 도전은 직업을 통해서 자신의 능력을 시험하며, 역량을 증진시키며 어려운 과제를 해결하는 것을 중요시하는 것을 말한다. 창의성은 새로운 것을 만들고 독창적인 생각을 표현하고 구현하는 것을 의미하며, 사회적 기여는 타인과 사회에 도움을 주고 긍정적인 영향을 주는 것에 대한 가치이다. 개인은 이러한 가치 중에서 자신에게 더 우선이 되는 가치가 무엇인지를 파악하고, 이를 반영한 직업을 선택하는 것이 중요하다.

(2) 직업 가치관 검사

직업을 선택할 때 중요하게 생각하는 가치를 확인하기 위해 개발된 검사에서도 앞서 수퍼가 말한 가치 목록과 유사한 가치들이 제시되어 있다. 고용노동부에서 개발하고 고용-24 웹페이지(https://www.work24.go.kr)에서 실시할 수 있는 검사로 '성인용 직업가치관검사'가 있다. 2023년에 개정된 직업가치관 검사에서 개인이 직업을 통해서 추구하는 가치 9개가 <표 6-1>과 같이 제시되었다. 성인용 직업가치관검사는 개인의 상위 3개의 직업 가치 요인을 순위별로 확인할 수 있고, 개인이 희망하는 직업에서 중요시하는 직업 가치가 무엇인지 제시해 준다.

또한, 한국직업능력연구원에서 개발하고 커리어넷(www.career.go.kr)에서 실시할

〈표 6-1〉 고용노동부 직업가치관검사 구성 요인

가치 요인	설명
사회 공헌	일을 통해 다른 사람이나 사회에 도움이 되는 것을 중시한다.
성취	자신이 세운 목표를 실현하기 위해 계획한 일에 관심을 가지고, 자신의 능력을 발휘하여, 자신이 세운 목표를 이루고 달성해 나가는 것을 중시한다.
경제적 보상	일에 대한 보상으로 경제적인 보상을 중시한다.
일과 삶의 균형	일뿐만 아니라 자신의 삶에서도 만족할 수 있도록 적절한 균형을 가질 수 있는 것을 중시한다.
자기개발	직업을 통해 지식, 기술, 능력 등을 발전시켜 성장해 나가는 것을 중시한다.
자율성	자율적으로 업무를 수행해 나가는 것을 중시한다.
사회적 인정	다른 사람들과 사회로부터 일의 가치를 인정받는 것을 중시한다.
직업 안정	직업에서 오랫동안 안정적으로 일할 수 있는지를 중시한다.
변화 지향	업무가 고정되어 있지 않고 변화 가능한 것을 중시한다.

수 있는 직업가치관검사에서도 이와 유사하게 능력 발휘, 자율성, 보수, 안정성, 사회적 인정, 사회봉사, 자기계발, 창의성의 가치를 비교하여 제시하며, 개인이 어떤 가치를 더 중요하게 생각하는지를 평가하고, 중요하게 생각하는 가치 2가지를 제시해 준다.

이와 같은 직업가치관검사를 활용하여, 개인은 자신이 직업을 통해서 추구하는 가치가 무엇인지 탐색하고, 우선순위를 정하여 그러한 가치를 추구할 수 있는 직업들이 어떤 것인지 확인할 수 있다. 또한, 자신이 고려하고 있는 직업이 있다면, 그 직업이 추구하는 가치에 대해서도 확인할 수 있다.

2) 일을 통해 충족되는 욕구

개인이 일을 통해서 충족할 수 있는 욕구에 대해서는 일의 심리학 이론(Psychology of Working Theory: Duffy et al., 2016)이 제시한 바가 있다. 일의 심리학 이론에서는 개인이 할 수 있는 '괜찮은 일(decent work)'을 갖기 위한 조건과 그 영향을 연구했다. 일의 심리학 이론에 따르면, 괜찮은 일은 생존과 권력의 필요, 관계와 사회적 기여의 필요, 자기결정권의 필요를 충족해 준다고 한다. 원래 괜찮은 일은 국제노동기구(International Labor Organization)가 제시한 개념으로 괜찮은 일이란 개인에게 물리적·정서적으로 안전하고, 적정한 휴게 시간이 보장되고, 개인의 가치와 부합되는 가치를 추구하며, 적절한 보상과 의료 보험이 보장되는 일이다. 이러한 조건의 괜찮은 일은 개인이 사회에서 생존할 수 있도록 하고, 타인과 사회에 긍정적 기여를 하며, 자율적으로 유능감을 발휘하며 타인과 연결되도록 한다는 것이다. 따라서 일을 통해 이러한 욕구들이 충족될 수 있다는 것을 알 수 있다. 일의 심리학 이론에 따르면, 이와 같은 개인의 욕구를 충족하는 '괜찮은 일'을 갖기 위해서는 개인이 진로에서 어려움이나 제약이 있더라도 스스로 진로의사결정을 자유롭게 내릴 수 있다고 인식하는 것이 중요하다. 또한, 변화하는 진로 및 일의 환경에 적응하고 효과적으로 대처할 수 있도록 개인의 자원을 활용하고 충분한 준비를 갖추는 것이 필요하다.

4.   직업 가치의 영향

개인이 갖는 직업 가치는 직업 만족과 일의 의미에 영향을 미친다. 개인이 자신의 직업 가치를 충족할 수 있는 직업을 선택할 때, 그 직업에 대한 만족도가 높아지고, 그 일이 의미 있다고 지각하는 경향이 있다.

1) 직업 가치와 직업 만족

수퍼를 비롯한 여러 진로학자들이 직업가치가 진로 선택과 만족에 중요한 요인이라고 보았다. 이러한 점을 구체적으로 제시한 이론가는 다비스와 롭퀴스트 (Dawis & Lofquist, 1984)인데, 직업적응이론에서 다비스와 롭퀴스트는 개인의 가치 및 욕구와 직업이 제공하는 보상의 일치도가 높을수록 직업에서 만족하게 된다고 하였다. 직업적응이론에서는 이렇게 개인의 원하는 것과 추구하는 가치를 만족시켜 줄 수 있는 보상(강화인)을 직업이 제공해 줄 수 있을 때, 개인이 그 직업에서 오래 일하고 만족할 수 있다는 것이다. 예를 들면, 타인과 사회의 복지 증진이라는 직업 가치를 갖고 있는 개인은 다른 사람이나 사회에 도움이 되는 일을 할 때, 자신이 하는 일에서 높은 만족을 느낀다.

2) 직업 가치와 일의 의미

개인의 직업 가치는 개인이 어떤 일을 의미있게 지각할지에 중요한 영향을 미친다. 개인이 자신의 직업 가치에 부합하는 일을 할 때, 일에서 더 큰 의미를 느끼게 된다. 또한, 일을 통해 의미를 경험한 개인은 자신의 직업 가치를 재구성하고 강화하게 된다. 일의 의미를 연구한 스테거(Michael F. Steger)에 따르면, 자신의 일이 의미 있다고 여기는 사람들은 일에서 긍정적 의미를 발견하고, 일을 통해서 의미를 만들어 가며, 더 큰 선을 추구하는 경향이 있다. 따라서 개인이 자신의 직업 가치를 이해하고, 이를 충족시킬 수 있는 직업을 선택하는 것이 중요하다. 이를 통해 개인은 자신이 하는 일이 의미 있다고 인식하게 된다.

06 적용해 보기

1. 직업 가치 카드 활동

　다음은 커리어넷(www.career.go.kr)에 제시된 24개의 가치관 카드입니다. 내가 직업을 선택할 때, 어떤 것을 중요하게 생각하는지를 생각하며 24개의 카드를 잘 살펴 보세요.

가치	직업 가치 카드		
능력 발휘	내 능력을 충분히 보여 줄 수 있다.	다른 사람과 경쟁을 한다.	무언가를 성취한다.
	일하는 방식이 자유롭다.	근무 시간이 자유롭다.	나 혼자 독립적으로 일한다.
	보너스를 많이 준다.	연봉이 높다.	월급 외에 많은 혜택을 제공해 준다.
	경쟁이 적다.	정년까지 일할 수 있다.	큰 변화없이 규칙적인 일을 한다.
	명예로운 일을 한다.	높은 지위에 오른다.	남으로부터 인정받는다.

	더 나은 세상을 만든다.	사회와 국가에 도움이 되는 일을 한다.	다른 사람을 돕는 일을 한다.

	항상 새로운 것을 배운다.	배울 수 있는 기회가 많다.	나 스스로가 발전해 나간다.

	독특한 아이디어가 필요한 일을 한다.	새로운 것을 만들어 낸다.	창조적인 시도를 한다.

1) '능력 발휘'는 내가 한 일을 다른 사람에게 인정받는 것을 의미하며, 3개의 가치관 카드(내 능력을 충분히 보여 줄 수 있다, 다른 사람과 경쟁을 한다, 무언가를 성취한다)를 반영한 가치입니다. 이처럼 직업 가치 카드를 반영한 가치를 ▨ 빈칸에 적어 보세요.

2) 내가 직업을 선택할 때, '매우 중요하게 생각하는 것' 3개를 선택해서 칠하고, 다른 색으로 '중요하게 생각하는 것' 3개를 선택해서 칠해 보세요.

3) 내가 선택한 카드를 살펴보고, 각각의 카드 아래에 선택한 이유를 적어 보세요.

4) 내가 선택한 카드가 속한 가치는 무엇인지 적어 보세요. _____

5) 3~4명이 한 조가 되어 작성한 것을 발표하고, 활동 소감을 나눠 보세요.

2. 직업 가치 지도 만들기

1) 준비
- 조구성: 3~4명이 한 조를 구성해 보세요.
- 준비물: 종이(큰 도화지), 색연필, 사인펜, 스티커, 풀, 가위, 색종이 등 꾸미기에 필요한 다양한 도구

2) 개인 발표: 각 조원은 자신이 직업에서 중요하게 생각하는 가치를 발표해 보세요.
(예를 들어 성취, 안정성, 창의성, 사회적 기여, 경제적 보상 등을 발표하고, 조원들은 발표를 통해 서로의 직업 가치를 이해하고 공통점을 찾아 보세요.)

3) 공통 가치 선정: 조별 토론을 통해 각자의 발표에서 공통적으로 나타난 한 가지 주요 가치를 선정해 보세요.

4) 가치 지도 제작을 해 보세요.
   - 중앙 주제: 공통된 가치를 종이 중앙에 적어 보세요.
   - 개인 가치 연결: 각 조원이 발표했던 개인적인 가치를 주변에 적고, 이를 공통 가치와 선으로 연결해 보세요. 연결 선 위에 간단한 설명을 적거나, 화살표 방향으로 영향력을 표현해 보세요. 스티커, 그림 등 다양한 방식을 활용하여 창의적으로 꾸며 보세요.

5) 가치 지도 이름 정하기: 조별로 작성한 직업 가치 지도에 어울리는 이름을 정해 보세요. 예를 들어, '함께 만드는 더 선한 세상,' '가치를 잇는 연결망'과 같이 지도의 주제를 함축적으로 표현하는 제목을 정해 보세요.

6) 발표: 가치 지도의 이름을 소개하고, 공통 가치를 중심으로 설명하며, 각 조원의 개인 가치가 어떻게 서로 연결되고 공통의 가치로 수렴되는지를 설명해 보세요.

3. 진로가계도를 통한 나의 가치관 이해

　3대(조부모님, 부모님, 나)를 포함한 가족 구성원을 기호를 사용해서 그려 보세요. 부모님의 형제자매와 그들의 자녀인 나의 사촌들을 포함해서 다양한 기호를 자유롭게 사용해서 그려 보세요(예를 들어, 삼각형(△)은 조부모님, 별(★)은 부모님, 동그라미 (○)는 나 자신 등).
　가계도에 있는 가족 구성원들의 기호 아래에 해당 구성원의 직업 또는 전공을 적어 보세요. 다 작성한 후에는 다음의 질문에 답해 보세요.

　1) 우리 가족에서 가장 두드러진 가치는 무엇인가요?
　　(예를 들어, 가족 대부분이 교육 관련 직업을 갖고 있다면, '우리 가족은 교육과 학습을 매
　　우 중요하게 여긴다'라고 작성할 수 있고, 가족 구성원이 다양한 직업을 가졌다면, '다양성
　　과 자율성이 우리 가족의 중요한 가치로 보인다'라고 작성해 보세요.)

　2) 우리 가족은 삶의 세 가지 영역인 학습, 일, 놀이에 어떻게 접근해 왔나요?
　　균형이 맞나요?
　　(예를 들어, '우리 가족은 학습과 일이 중심이었으며, 놀이나 여가는 상대적으로 덜 강조되
　　었다'와 같이 가족들이 학습, 일, 놀이를 어떤 비중으로 강조했는지, 어떤 영역을 더 중요
　　하게 생각했는지 등에 대해서 기술해 보세요.)

　3) 우리 가족에게 경제적 가치는 어떤 의미인가요?
　　(예를 들어, '가족들이 경제적 가치보다는 자아실현이나 사회적 기여를 더 강조했다'와 같
　　이 가족 내에서 경제적 가치를 얼마나 중요하게 생각하고, 이러한 가치가 직업 선택에는
　　어떤 영향을 주는지 기술해 보세요.)

　4) 우리 가족의 직업과 관련된 특성이 있나요?

직업세계의 이해

생애설계와 진로탐색

7 미래 사회와 직업 환경

개요

　본 장은 미래 사회의 변화를 예측하고 이러한 변화에 따른 직업 환경의 변화를 학습하며, 이를 반영하여 진로를 선택하고 계획하는 것을 목적으로 한다. 미래 사회의 변화 동인인 과학기술 발달, 저출산과 고령화, 다양성의 증가, 환경 위기와 지속가능성을 확인하고, 이로 인한 미래 직업세계 변화를 탐색한다. 일자리 구조의 변화와 직업 형태 및 근무 방식의 변화에 따라 요구되는 직업 역량의 변화를 확인한다. 또한, 미래 사회와 직업 환경에서 개인이 자신에게 만족스러운 진로를 설계해 나가기 위해 고려해야 할 점을 살펴본다.

1. 미래 사회와 변화 동인

1) 과학기술 발달

　미래 사회의 대표적인 변화 동인은 과학기술 혁신이다. 삶의 모든 영역에 영향을 주고 있는 과학기술 발달로 인한 변화는 빠른 변화의 속도와 광범위한 변화 영역이라는 점에서 이전과 구별되어 4차 산업 혁명이라 불린다(Schwab, 2016). 이러한 변화는 인공지능(Artificial Intelligence:AI), 로봇공학(robotics), 사물 인터넷(Internet of Things: IoT), 블록체인, 합성 생물학(Synthetic Biology) 등의 새로운 기술이 이끌고 있다. AI와 로봇공학은 제조업, 물류, 서비스, 의료 등의 분야에서 기계가 인간을 보조하거나 대체하도록 하고 있고, 이를 통해 자동화된 공정과 서비스가 확대되어 해당 산업에서의 생산성과 효율성이 증가하고 있다. 예를 들면, AI와 로봇을 활용하여 생산 공정은 자동화되고 있고, 사물 인터넷과 빅데이터를 활용하여 농업에서도 스마트팜이 구현되고 있다. 스마트팜에서는 실시간으로 토양 상태를 분석하여 물과 비료를 공급하고, 과거의 작황이나 기상 데이터 및 시장 트렌드를 분석해서 의사결정을 하는 것이 가능하다. 블록체인은 암호화폐를 활용한 새로운 금융 거래와 무역 시스템이 확산되도록 하고, 디지털 플랫폼을 기반으로 한 새로운 산업과 시장이 창출되고 있다. 또한, 교육에서도 수준별 개별 학습을 가능하게 하는 다양한 디지털 기술을 활용하고 있다. 이와 같이 과학기술의 발달은 사회, 경제, 노동 시장, 교육 및 일상생활 전반에 걸쳐서 변화를 가져오고 있다.

2) 저출산과 고령화

미래 사회의 변화 동인 중 저출산과 고령화는 사회의 인구 구조의 변화를 가져오고 있다. 통계청의 자료에 따르면, 출생아 수는 매년 감소하고 있고, 2023년에는 23만 명으로 전년 대비 7.7% 감소하였다. 가임 여성(15~49세)의 평균 출생아 수를 나타내는 '합계 출산율' 역시 0.78명으로 출생통계작성(1970년)이래 최저치를 기록하였다. 반면에 소년 인구(0~14세) 100명당 노인 인구(65세 이상)가 몇 명인지를 산출하는 '노령화 지수'는 1970년대는 10명 이하였다가, 2000년에는 34.3명이었고, 2024년에는 181.2명에 이르렀다. 대한민국 평균 연령의 경우 2024년에는 남녀가 각각 43.7세와 46.1세이며, 이는 정점 증가하여 2038년에는 평균 연령이 50대에 이를 것으로 전망하고 있으며, 2070년에는 57.4세와 59.6세로 60세에 가까워질 것으로 예측하고 있다. 대한민국은 2025년 초고령 사회에 진입하고, 2070년에는 전체인구의 46.4%가 고령 인구에 속할 것이라는 전망이다. 또한, 우리나라는 세계에서 가장 빠르게 인구가 감소하는 국가 중 하나로, 2020년에는 사망자 수(30.5만 명)가 출생아 수(27.2만 명)를 초과하며 생산 연령 인구가 급격히 줄어들고 있다. 이와 같은 변화는 생산 및 소비 감소로 이어지고, 경제 성장률 둔화와 경제 위축을 가져올 수 있으며, 세수 감소로 이어지는 반면 복지와 의료비 관련 재정 지출을 증가하게 한다. 인구 구조의 변화는 가족 구조에도 영향을 주는데,

저출산으로 인해 핵가족과 1인 가구 및 노인 단독 가구의 비율이 증가하고 있다. 이러한 저출산·고령화 현상은 특히 농어촌 지역에서 두드러지며, 수도권과 지방 간 격차를 더욱 심화시키고 있다. 또한, 2021년 감사원 자료에 따르면 2047년에는 모든 시, 군, 구가 소멸 위험 지역에 이를 것으로 전망된다.

3) 다양성의 증가

법무부 출입국·외국인 정책 본부에 따르면, 2024년 10월 말 기준으로 국내 체류 외국인 수는 약 269만 명으로, 이는 대한민국 전체 인구 대비 약 5%에 해당한다. 이러한 이민자의 수는 2030년에는 300만 명을 초과할 것으로 예상되며, 이는 다른 OECD국가와 비교할 때 빠른 증가 추세이다. 또한, 체류 외국인의 구성 역시 변화하고 있다. 과거에는 동포 및 결혼 이민자가 큰 비중을 차지했으나, 최근에는 유학생과 영주 자격자가 증가하고 있다. 이에 따라 외국인과 이민자에 대한 관점도 변화하고 있다. 제4차 외국인정책 기본계획(2023~2027)은 외국인의 유입을 단순히 부족한 노동력 충원의 수단으로 보는 것을 넘어, 다양한 개인이 우리 사회 구성원이 된다는 관점을 강조하고 있다. 기본 계획의 주요 과제는 이민을 통한 경제와 지역 발전 촉진 방안을 강구하며, 안전하고 질서있는 이민 사회를 구현하고, 이민자의 인권 가치를 존중하는 사회를 만드는 것이었다. 또한, 2023년도의 다문화 혼인은 20,431건으로 전체 혼인에서 10.6%의 비중을 차지했는데, 이는 전년도 대비 17.2% 증가한 수치이다. 2023년도의 다문화 출생아의 수는 12,150명으로 2022년보다 3% 감소하였는데, 이는 전체 출생아 수가 7.7% 감소했다는 점을 고려하면, 그 감소의 폭이 상대적으로 작다. 제4차 다문화가족정책 기본계획(2023~2027)에서도 다문화 아동 및 청소년의 성장을 돕고 다문화가족의 안정적 생활 환경 조성을 목표로 여러 맞춤형 지원을 계획하고 있다. 이러한 사회적 통합을 지향하는 정책은 한국 사회의 구성원 다양성이 증가함에 따라 더욱 중요해지고 있다. 개인의 성별, 성 정체성이나 성적 지향, 종교, 장애 유무 등의 다양한 정체성을 존중해야 한다는 인식이 확대되고 있으며 사회적 약자와 소수자의 권리를 보호하고 공존의 가치에 대한 공감대가 형성되고 있다는 것을 보여 준다. 이에, 한국사회에서는 다양한 정체성을 가진 개인들 간의 상호작용과 상호존중의 중요성이 부각되고 있다.

4) 환경 위기와 지속가능성

우리나라를 비롯한 전 세계는 기후 변화, 자원의 고갈, 환경 오염 등으로 위기를 겪고 있다. 평균 기온이 상승하고, 폭염, 홍수, 폭설, 가뭄 등의 극한 기후 현상의 빈도와 강도가 증가하고 있으며, 생태계 변화로 인해 생물의 다양성이 감소하며 멸종 위기의 종이 늘어나고 있다. 또한, 석유 및 산림 등과 같은 자원이 고갈되고 있고, 기존 질병의 악화뿐 아니라 COVID-19와 같은 새로운 질병이 생겨나고 확산되고 있다. 이와 같은 변화들로 현재 세대의 필요를 충족하면서도 미래 세대를 위한 경제, 사회, 환경의 자원을 유지하도록 하는 '지속가능성'의 중요성이 커지고 있다. 이에 세계 여러 나라는 탄소 중립을 목표로 한 정책을 펼치고, 재생 에너지 및 친환경 기술 산업을 지원하며 확장하고 있다. 이러한 노력은 정책뿐 아니라 국가 간의 협정 및 협약을 통한 대응을 통해서도 이뤄지고 있다. 이에 따라 학교와 기업에서 지속가능성과 관련 교육이 강화되고 있다. 특히, 기업은 환경(Environment), 사회(Social), 거버넌스(Governance)를 고려하여 지속가능한 방식으로 경영해야 한다. 한편 이와 같은 환경 위기는 사회의 불평등을 심화시키는 요인으로 작용하기도 한다. 기후 변화와 전염병과 같은 어려움은 취약 계층에게 더욱 큰 피해를 준다. 예를 들어, 저소득층의 주거 환경은 빈도와 강도에서 증가하고 있는 자연재해에 취약하며, 피해 복구를 위한 물리적·정신적 자원과 지지가 부족할 수 있기 때문이다.

2. 직업세계의 변화

미래 사회의 동인이 되는 과학기술발달, 저출산과 고령화, 다양성 증가, 환경 위기와 지속가능성은 직업세계의 변화도 이끌었다. 일자리의 구조가 변화하고, 직업의 형태와 근무 방식이 변하였고, 직업에서 요구되는 역량이 변화하였으며, 직업 가치와 사회적 요구도 바뀌고 있다.

1) 일자리 구조의 변화

과학기술의 발달로 기존의 일자리가 감소하는 반면 새로운 산업과 일자리가 생성되면서 일자리 구조가 빠르게 변화하고 있다. 생산 및 다양한 서비스의 자동화로 로봇과 AI가 인간의 일자리를 대체하며, 물리적인 인간의 노동력뿐 아니라 인지적 노동에도 영향을 미치고 있다. 특히, 중간숙련 일자리의 감소가 두드러지며, 저숙련과 고숙련 일자리만이 증가하는 일자리 구조의 양극화가 일어나고 있다. 저숙련 노동은 자동화보다 적은 비용을 지불하게 되는 서비스, 판매, 단순 노무와 같은 일자리이며, 고숙련 노동은 AI 및 머신러닝 전문가, 재생에너지 엔지니어 등과 같은 첨단 기술 및 연구직 중심으로 증가하고 있다. 중간숙련 일자리는 매뉴얼화되어 로봇이나 컴퓨터가 대체할 수 있는 비서 업무나 은행 출납 업무 등이 대표적이다. 새로 생성되는 일자리는 AI 전문가, 빅데이터 및 정보 분석 전문가, 재생에너지 관련 기술자, 지속가능한 경영 관련 전문가, 디지털 헬스케어, 노인 돌봄 산업 종사자 등과 같이 기술발달과 고령화 사회에 주목받고 있는 일자리이다. 이와 같이 일자리 구조가 변화하고 있는 가운데, 지속적으로 높은 가치의 노동력은 기계가 대체할 수 없는 고도의 전문성을 갖춘 인재들이다. 특히, 새로운 기술을 개발하거나 이를 활용한 제품 또는 서비스를 창의적으로 만들 수 있는 개인의 중요성이 더욱 커지고 있다.

2) 직업의 형태와 근무 방식의 변화

기술의 혁신으로 인한 변화로 직업의 형태와 근무 방식이 유연해지고 있다. 디지털 플랫폼을 기반으로 주문형(on-demand) 노동과 공유 경제가 활성화되고 있다. 개인은 특정 직장에 소속되어 일하는 것이 아니라 온라인이나 모바일 앱을 통해서 요청되는 일을 하는 주문형 노동을 할 수 있게 되었고, 개인이 소유하고 있는 재화와 자원을 플랫폼을 통해서 활발하게 공유하고 거래하게 되었다. 에어비앤비(Airbnb), 우버(Uber), 배달의 민족 등과 같이 웹사이트와 모바일 앱을 통해서 다양한 재화나 서비스가 공유되며 거래되고 있다. 이와 같이 노동 계약의 형태가 다양해지며, 근무 형태 역시 다양해졌다. COVID-19의 영향으로 보다 본격화된 원격근무가 확산되고 있고, 인터넷 연결이 된 곳이면 어디서든 일을 하는 사람을 지칭하는 디지털 노마드(Digital Nomad)라는 말이 생길 정도로 근무 시간과 장소를 구성원이 자율적으로 정하여 일하도록 하는 유연 근무제가 확산되고 있다. 또한, 주문형 노동처럼 한 직장에 정규직 형태로 고용되어 일하는 방식이 아닌 프로젝트 단위로 계약을 맺어서 일하는 형태의 일이 늘어나고 있다. 고용노동부의 비정규직근로자 비율은 2024년도에 38%이며, 지역별로는 강원도가 47.4%로 가장 높다. 이러한 일자리 형태의 변화와 자율적인 업무 방식이 개인의 독립성과 자율성을 높여주는 장점이 있지만, 비정규직의 경우 고용 불안과 근로 조건 차별 등이 있을 수 있으며, 실업급여, 퇴직연금 등과 같은 보호 장치가 없어 책임과 위험 부담이 개인에게 지워진다는 단점도 있다.

3) 요구되는 역량의 변화

진로학자인 사비카스(Mark L. Savickas, 2013)는 진로에서 필요한 자원으로 진로적응성(career adaptability)을 꼽았다. 변화하는 직업 환경에 맞추어 자신의 행동 방향을 정하여 자신의 능력을 발휘할 수 있도록 준비하고 자신이 가진 자원을 활용하는 것이 진로적응성이라고 할 수 있다. 사비카스는 진로적응성에 포함되는 4가지 요소를 제시했는데, 이는 관심(concern), 통제(control), 호기심(curiosity), 자신감(confidence)이다. 자신의 진로에서 역량을 발휘하기 위해서는 자신의 미래에 대한 관심과 삶의 책임감을 갖고 진로 목표를 위한 일들을 결정하고 수행하며, 직업세계에 대한 호기심을 갖고 새로운 기회를 탐색하며, 진로에서 목표한 일들을 잘해 나갈 수 있다는 확신을 갖는 것을 말한다. 진로적응성이 이전부터 중요하게 요구되던 역량이라면, 4차 산업 혁명 이후 새롭게 요구되는 역량으로 디지털리터러시가 있다. 디지털리터러시는 디지털 기술과 정보를 이해하고, 평가하고 활용하고 만들어 낼 수 있는 능력으로 미래 사회에 요구되는 기본 역량이다. 새로운 기술을 개발하는 능력뿐만 아니라 새롭게 개발되는 기술과 플랫폼에 적응하고 학습하여 효과적으로 첨단 기술을 활용하는 것이 주요 경쟁력이 될 수 있다.

다른 한편으로는 기계가 대체할 수 없는 인간의 고유한 역량이 더욱 중요해지고 있다. 첨단 기술을 개발하고 활용하는 것에는 과학 지식 등이 필요하겠지만, 실제로 이러한 기술을 바탕으로 제품을 개발하고, 서비스나 새로운 사업 모델을 만드는 데에는 창의성이 필요하다. 창의성은 일하는 방식에서도 중요하게 발휘될 수 있다. 기존의 정형화된 직무가 아닌 다양한 형태의 직업과 근무 방식에서 어떻게 창의적인 시각으로 일하고, 일을 만들어 낼 것인가가 중요하기 때문이다. 이에, 기존의 고정관념을 넘어서서 새로운 관점으로 사고하고 문제를 해결하는 창의적이고 혁신적인 사고가 더욱 요구된다. 축적되는 데이터와 다양한 정보를 선별하고 파악하는 비판적 사고 역시 중요하며, 다양하고 복잡한 상황을 이해하는 맥락에 대한 이해 역시 중요하다. 원격근무의 증가와 글로벌 협업이 증가하고 있으며, 다양성이 증가하고 있는 사회에서 다양한 문화적 배경을 가진 사람들과의 효율적이고 효과적인 의사소통 능력 역시 중요하며, 타인의 상황과 감정을 이해하고 공감하는 공감능력 역시 중요한 역량이다. 마지막으로 미래 사회는 다양한 분야가 융합하며 발달하고 있다. 빅데이터나 AI를 활용하는 스마트 농업을 하거나 생명과학과 데이터 과학이 결합하여 디지털 치료제가 개발되는 것이 그 예이다. 이에 따라 여러 분야를 융합하여 다 분야 지식을 바탕으로 복잡하고 변화하는 문제를 해결하는 융·복합 역량이 필요하다. 또한, 이처럼 끊임없이 변화하고 있는 사회와 직업세계를 고려할 때, 지속적인 학습을 할 수 있는 평생 학습 역량 역시 개인에게 필수적으로 요구되는 역량이다.

3. 미래 사회와 경력 관리

일자리 구조와 직업 형태 및 근무 방식의 변화는 개인의 경력 관리에도 변화를 주고 있다. 이제 학교를 졸업 한 후에, 한 직장에 입사하어 승진하고 정년퇴직하는 선형적인 진로 선상에서 하나의 '평생직장'을 갖는 것은 극소수의 진로 경로가 되었다. 대다수는 유연한 노동시장에서 높은 경력 이동성을 보이고 있으며, 이에 따라 어떤 조직에 속할 것인가가 중요했던 전통적인 경력 관리 방식이 아닌 새로운 경력 태도와 모델이 주목받고 있다.

1) 프로티언 커리어

프로티언 커리어(protean career)는 그리스 신화에 나오는 바다의 신인 프로테우스(Proteus)가 자유자재로 자신의 모습을 바꿀 수 있었던 것에서 그 이름을 차용한 것으로 '변화무쌍한 진로'라는 의미를 갖고 있다. 프로티언 커리어는 진로에서 개인이 자신의 가치와 목적에 맞게 주도적으로 경력을 관리하는 것을 지칭한다(Hall, 1996). 전통적인 관점에서 경력을 관리하는 개인이 조직에서의 지위와 경제적 보상을 목표로 하며, 수직적인 승진을 주요 가치로 둔다면, 프로티언 커리어를 지향하는 개인은 자아실현 및 개인적인 만족과 같은 심리적이고 주관적인 지표를 중요기준으로 여기며, 개인의 자유와 성장을 주요 가치로 삼는다. 프로티언 커리어에서 중요시하는 두 가지 역량은 자기자각(self-awareness)과 적응성(adaptability)이다. 자기자각은 자신의 정체성을 명확하게 파악하는 것으로 자신이 하는 일의 의미를 이해하고, 어떤 일을 통해 자신이 의미를 가질 수 있는지를 이해하는 것을 말한다. 적응성은 자신이 하고 있는 일에 만족하지 못할 때 변화를 만드는 것을 말한다. 자기자각과 적응성을 통해 변화에 잘 적응하며, 고용 가능성을 높이는 것을 프로티언 커리어에서는 중요하게 여긴다. 유연한 고용과 다양한 근무 방식으로 변화하고 있는 직업 환경에서 특정한 조직에 속하는 것을 경력에서의 성공으로 보기보다는 자신이 의미 있고 가치롭게 생각하는 일을 자유롭게 주도적으로

해 나가는 것을 성공으로 보는 프로티언 커리어가 필요할 수 있다.

2) 무경계 경력

무경계 경력(boundaryless career)은 조직의 경계를 넘어 다양한 환경에서 여러 업무를 수행하며 경력을 쌓는 태도를 지칭한다(Arthur & Rousseau, 1996). 프로티언 커리어와 유사하게 개인이 주도적으로 경력을 개발하며, 자아실현과 같은 주관적 성공을 중요하게 생각하는 태도이다. 경계가 없다는 의미는 조직과 산업을 넘나든다는 의미를 포함할 뿐만 아니라 한 번에 다양한 프로젝트를 동시에 수행하는 것도 포함한다. 무경계 경력 태도를 갖고 있는 개인은 하나의 조직에서 경력을 쌓는 것이 아니라 조직 간의 수평 이동을 하며, 조직 외부로부터 정보를 얻고 다양한 네트워크를 활용한다. 이러한 태도는 다양한 조직에서 활용할 수 있는 전이 가능한 기술과 지식 습득을 중요시하여 자신의 고용 가능성을 높이며 능동적으로 자신의 경력을 관리한다. 이와 같은 무경력 태도는 유연성이 높은 고용 환경과 여러 영역 간의 융·복합의 가치가 높아지고 있는 직업 환경에서 필요한 태도라 할 수 있다.

3) 경력 닻 모형

경력 닻(career anchor)은 개인이 진로를 선택할 때 중심이 되는 가치, 동기, 능력을 말한다(Shein, 1978). 닻(anchor)은 진로결정에서 중심이 되는 축이라 할 수 있는데, 이는 개인의 경험, 기술, 가치 등이 상호작용하며 형성되어 직장생활을 통해서 구체화되고 명확해진다. 개인이 다양한 경험을 통해서 외부 환경이 변하더라도 내부에는 닻이라고 할 수 있는 일관된 기준이 생긴다는 것이다. 경력 닻의 개념을 소개한 샤인(Edgar Shein, 1996)은 자율/독립성, 안전/안정성, 기술/기능 역량, 일반적 관리 역량, 기업가적 창의성, 봉사/헌신, 도전, 라이프스타일이라는 8개의 경력 닻을 제시했다. 개인은 이러한 경력 닻을 통해 일관된 경력 목표를 설정하고, 만족할 수 있는 직업을 선택할 수 있다. 빠르게 변화하며 점차 복잡해지는 직업 환경을 고려할 때, 경력 닻은 개인의 경력 관리에 안정적인 지표가 되어줄 수 있을 것이다.

1. 미래 사회의 변화 동인과 미래 직업 이해하기

지금 고려하고 있는 직업 중 하나를 선택하고, 다음 질문에 대한 답을 적어 보세요.

(본 활동을 하기 전에 고려하고 있는 직업을 정하기 위해 다양한 직업 목록을 먼저 제시하고 선택하도록 할 수도 있음.)

1) 고려하고 있는 직업이 아래에 제시된 미래 사회의 변화 동인에 따라 10년 후에 각각 어떻게 달라질까에 대해 작성해 보세요.

– 과학기술 발달로 어떤 영향이 있을까?

(과학기술이 발전하면서 생길 수 있는 새로운 도구, 기술, 또는 작업방식을 고려)

_____

_____

_____

– 저출산과 고령화로 어떤 영향이 있을까?

(고령화 인구 증가와 인구 구조 변화에 어떻게 적응할지 고려)

_____

_____

_____

- 다양성의 증가로 어떤 영향이 있을까?

  (문화적, 인종적, 성별 다양성이 증가함에 따라 해당 직업에 필요한 역량 변화 고려)

  _____

  _____

  _____

- 환경 위기와 지속가능성과 관련해서 어떤 영향이 있을까?

  (환경 문제와 지속가능성의 중요성이 커지는 상황에서 해당 직업이 환경적 책임을 어떻게 반영할지 고려)

  _____

  _____

  _____

2) 위에서 작성한 내용을 바탕으로 해당 직업의 미래 직업 카드를 만들어 보세요.

〈직업카드 앞면〉   〈직업카드 뒷면〉

직업명, 직업에 대한 소개 및 상징   흥미, 가치, 필요한 역량, 미래 전망

2. 미래 직업 창출 아이디어 경진 대회

1) 준비
- 조 구성: 3~4명이 한 조를 구성해 보세요.
- 조별 논의: 미래 직업 환경의 변화(일자리 구조의 변화, 직업의 형태와 근무 방식의 변화, 요구되는 역량의 변화)에 대한 내용 중 가장 인상 깊었던 부분이 무엇인지 조원들과 함께 이야기해 보세요.

2) 미래 변화 동인 및 직업 환경 변화를 고려하여 새로운 직업 아이디어를 개발해 보세요. 조원들이 함께 논의하며, 아래의 내용들이 포함되게 발표 자료를 만들어 보세요.
- 직업 이름: 직관적이고 흥미로운 이름으로 작성해 보세요.
- 직업 필요성: 미래 사회에서 이 직업이 왜 필요한지를 설명해 보세요.
- 직업 역할: 이 직업이 어떤 문제를 해결하는지, 주요 업무는 무엇인지를 기술해 보세요.
- 요구 역량: 이 직업에 필요한 기술, 지식, 역량을 기술해 보세요.
- 기대 효과: 이 직업이 사회, 경제, 환경에 어떤 긍정적 영향을 미칠지를 설명해 보세요.

3) 조별로 준비한 내용을 발표하며, 발표는 5분 내외로 (직업 소개, 직업 창출 배경, 구체적 역할과 필요 역량, 직업이 사회 및 경제에 미치는 영향) 준비해 주세요.

4) 조별로 발표한 후에 아래의 영역별로 가장 우수한 직업이 무엇인지 투표로 선정해 주세요.
- 창의성: 아이디어가 얼마나 독창적인가?
- 실현 가능성: 실제로 실행 가능한 직업인가?
- 사회적 가치: 이 직업이 사회와 환경에 기여할 가능성은?

8 직업세계에서 요구하는 역량

개요

　지식과 기술의 발달로 사회가 빠르게 변화하면서 일의 세계에 입문하는 방식이나 일을 유지하는 것에 대한 개념도 달라지고 있다. 기업들은 신입 사원을 공채로 선발하는 방식에서 경력직을 상시 채용하는 방식으로 구인하는 경우가 많아졌다. 근로자 역시 한 직장에서 평생 일하려고 하기보다 자신이 원하는 방식으로 일하면서 일정 수준 이상의 임금을 받을 수 있는 직장으로의 이직과 전직을 당연한 것으로 여긴다. 이러한 경향이 가속화되면서 기업들은 실제 업무 현장에 투입했을 때 그 일을 단 시간안에 잘 해낼 수 있는 역량이 있는 인재를 선호하게 되었다. 이에 본 장에서는 직업세계에서 개인에게 어떤 역량을 요구하는지에 대해 살펴보고자 한다.

1. NCS 직업기초능력

　지식과 기술, 특히 최근 인공지능의 급격한 발달로 인해 사회에서는 개인이 특정 지식을 습득하는 것보다 특정 역량을 기르도록 요구하고 있다. 역량을 중요하게 여기는 것은 최근의 일이 아니다. 이미 2005년에 OECD에서 핵심역량에 대해 언급한 이래 지금까지 역량은 사회 구성원이 갖춰야 할 중요한 자질로 여겨져 왔다. OECD(2005)에서는 지식 기반 사회에서 어떤 직업이나 역할을 함에 있어 지식뿐만 아니라 기술, 태도가 요구된다고 말하면서 이를 역량이라고 부르고, 특정 직업이나 역할을 초월하여 지식 기반 사회에서 공통적으로 요구하는 역량을 핵심역량이라고 개념화하였다. 이후 세계적으로 인재를 양성하는 고등교육기관에서는 역량을 중심으로 교육과정을 구성해야 함을 인식하면서 지식에만 초점을 두었던 교육과정이 기술과 태도까지 고려하는 것으로 변화되고 있다.

국내에서는 국가직무역량 표준개발사업을 통해 고등교육기관에서 직업 현장에서 요구하는 능력을 함양할 수 있는 교육을 하도록 유도하고 있다. 기존에는 직업훈련기관이나 전문대학, 전문계고 등을 중심으로 국가직무능력표준(National Competency Standards, 이하 NCS)에 맞는 교육과정을 운영하였으나 최근에는 이러한 경향이 전 대학으로 확산되고 있는 추세이다. NCS는 직무 유형을 중심으로 구성되어, 직무 유형별로 요구되는 역량인 직무수행능력이 무엇인지 확인할 수 있다. 뿐만 아니라 NCS는 직업기초능력 영역을 별도로 포함하고 있다(한국직업능력개발원, 2013). NCS 직업기초능력은 '역량(competency)'의 다른 표현으로 볼 수 있다(이영일, 황선주, 정성광). NCS의 직무 유형별 역량이 특정 직무를 수행하는 데 필요한 것이라면 직업기초능력은 어떤 직무를 하더라도 갖춰야 할 역량으로 볼 수 있다. 따라서 진로 및 직업을 탐색하고 준비하는 개인은 현재 고려하고 있는 직업의 유형과 상관없이 직업기초능력을 배양해야 한다. 특히, 여러 기업에서 신입 사원을 채용할 때는 상대적으로 직업기초능력을 더 많이 고려하므로(윤덕원 외, 2016) 처음 직장을 얻고자 하는 사회초년생들은 직업기초능력을 함양하는 데 주력해야 한다. 이에 본 장에서는 직업기초능력을 중심으로 NCS에서 제시하는 역량을 살펴보고자 한다. 직무수행능력의 경우, 직업 혹은 직무마다 별도로 요구되는 역량이 다르기 때문에 본 장에서 모두 다루는 데 무리가 있다. 따라서 이 장 마지막 부분에서 적용해 보기를 통해 자신이 관심 있는 혹은 고려하고 있는 직업 및 직무에서 요구하는 직무수행능력을 탐색해 보도록 하였다.

NCS 직업기초능력은 10개의 역량(competency)과 34개의 하위 영역으로 구성되어 있다. 다음은 NCS 직업기초능력의 10개 역량과 각 역량의 하위 영역을 제시한 표이다.

<표 8-1> NCS 직업기초능력 역량과 하위 영역

영역		개념	하위 영역
필수 직업 능력	의사 소통 능력	업무를 수행함에 있어 글과 말을 읽고, 들음으로써 다른 사람이 뜻한 바를 파악하고, 자기가 뜻한 바를 글과 말을 통해 정확하게 쓰거나 말하는 능력	문서이해능력, 문서작성능력, 경청능력, 의사표현능력, 기초외국어능력
	수리 능력	업무를 수행함에 있어 사칙연산, 통계, 확률의 의미를 정확하게 이해하고 업무에 적용하는 능력	기초연산능력, 기초통계능력, 도표분석능력, 도표작성능력
	자원 관리 능력	업무를 수행하는 데 시간, 자본, 재료 및 시설, 인적자원 등의 자원 가운데 무엇이 얼마나 필요한지를 확인하고, 이용 가능한 자원을 최대한 수집하여 실제 업무에 어떻게 활용할 것인지를 계획하고, 계획대로 업무 수행에 이를 할당하는 능력	시간자원관리능력, 예산자원관리능력, 물적자원관리능력, 인적자원관리능력
선택 직업 능력	문제 해결 능력	업무를 수행하면서 문제상황이 발생하였을 경우, 창조적이고 논리적인 사고를 통하여 올바르게 인식하고 적절히 해결하는 능력	사고력, 문제처리능력
	자기 개발 능력	업무를 추진하는 데 스스로를 관리하고 개발하는 능력	자아인식능력, 자기관리능력, 경력개발능력
	대인 관계 능력	업무를 수행함에 있어 접촉하게 되는 사람들과 문제를 일으키지 않고 원만하게 지내는 능력	팀워크능력, 리더십능력, 갈등관리능력, 협상능력, 고객서비스능력
산업 공통 직업 능력	정보 능력	업무와 관련된 정보를 수집하고, 이를 분석하여 의미있는 정보를 찾아내며, 의미있는 정보를 업무수행에 적절하도록 조직하고, 조직된 정보를 관리하며, 업무수행에 이러한 정보를 활용하고, 이러한 제 과정에 컴퓨터를 사용하는 능력	컴퓨터활용능력, 정보처리능력
	기술 능력	업무를 수행함에 있어 도구, 장치 등을 포함하여 필요한 기술에는 어떠한 것들이 있는지 이해하고, 실제로 업무를 수행함에 있어 적절한 기술을 선택하여 적용하는 능력	기술이해능력, 기술선택능력, 기술적용능력
	조직 이해 능력	업무를 원활하게 수행하기 위해 국제적인 추세를 포함하여 조직의 체제와 경영에 대해 이해하는 능력	국제감각, 조직체제이해능력, 경영이해능력, 업무이해능력
공통 직업 의식	직업 윤리 능력	업무를 수행함에 있어 원만한 직업 생활을 위해 필요한 태도, 매너, 올바른 직업관	근로윤리, 공동체윤리

출처: NCS홈페이지(www.ncs.go.kr), 남선혜, 이영민(2024)

<표 8-1>의 NCS 직업기초능력의 하위능력을 더 구체적으로 알아보기 위해 각 하위능력의 정의와 세부 능력 요소를 살펴보겠다. NCS에서 제시하는 10개 직업기초능력은 각각 하위 능력으로 세분화되어 있으며, 각 하위능력 또한 세부 요소로 구분된다. 예를 들어, 의사소통능력은 문서이해능력, 문서작성능력, 경청능력, 의사표현능력의 네 개의 하위능력으로 구성되고, 이 네 개의 하위능력은 각각 3개의 세부 요소로 그 능력의 세부적인 내용을 제시하고 있다. 다음 표에 NCS 직업기초능력의 하위능력의 정의와 각 하위능력에 포함된 세부 요소를 제시하고 있다.

〈표 8-2〉 직업기초능력의 하위능력 정의 및 세부 능력 요소

직업기초 능력 영역	하위능력의 정의 및 세부 능력 요소		
	하위능력	정의	세부 요소
의사소통 능력	문서이해 능력	업무를 수행하는 데 다른 사람이 작성한 글을 읽고 그 내용을 이해하는 능력	• 문서 정보 확인 및 획득 • 문서 정보 이해 및 수집 • 문서 정보 평가
	문서작성 능력	업무를 수행하는 데 자기가 뜻한 바를 글로 나타내는 능력	• 작성 문서의 정보 확인 및 조직 • 목적과 상황에 맞는 문서 작성 • 작성한 문서 교정 및 평가
	경청능력	업무를 수행하는 데 다른 사람의 말을 듣고 그 내용을 이해하는 능력	• 음성 정보와 매체 정보 듣기 • 음성 정보와 매체 정보 내용 이해 • 음성 정보와 매체 정보에 대한 반응과 평가
	의사표현 능력	업무를 수행하는 데 자기가 뜻한 바를 말로 나타내는 능력	• 목적과 상황에 맞는 정보조직 • 목적과 상황에 맞게 전달 • 대화에 대한 피드백과 평가
	기초외국어 능력	업무를 수행하는 데 외국어로 의사소통할 수 있는 능력	• 외국어 듣기 • 일상생활의 회화 활용
수리능력	기초연산 능력	업무를 수행함에 있어 기초적인 사칙연산과 계산을 하는 능력	• 과제 해결을 위한 연산 방법 선택 • 연산 방법에 따라 연산 수행 • 연산 결과와 방법에 대한 평가
	기초통계 능력	업무를 수행함에 있어 필요한 기초 수준의 백분율, 평균, 확률과 같은 통계 능력	• 과제 해결을 위한 통계 기법 선택 • 통계 기법에 따라 연산 수행 • 통계 결과와 기법에 대한 평가
	도표분석 능력	업무를 수행함에 있어 도표(그림, 표, 그래프 등)가 갖는 의미를 해석하는 능력	• 도표에서 제시된 정보 인식 • 정보의 적절한 해석 • 해석한 정보의 업무 적용

직업기초 능력 영역	하위능력의 정의 및 세부 능력 요소		
	하위능력	정의	세부 요소
	도표작성 능력	업무를 수행함에 있어 자기가 뜻한 바를 말로 나타내는 능력	• 도표 제시 방법 선택 • 도표를 이용한 정보 제시 • 제시 결과 평가
문제해결 능력	사고력	업무와 관련된 문제를 인식하고 해결함에 있어 창조적, 논리적, 비판적으로 생각하는 능력	• 창의적 사고 • 논리적 사고 • 비판적 사고
	문제처리 능력	업무와 관련된 문제의 특성을 파악하고, 대안을 제시, 적용하고 그 결과를 평가하여 피드백하는 능력	• 문제 인식 • 대안 선택 • 대안 적용 • 대안 평가
자기개발 능력	자아인식 능력	자신의 흥미, 적성, 특성 등을 이해하고, 이를 바탕으로 자신에게 필요한 것을 이해하는 능력	• 자기 이해 • 자신의 능력 표현 • 자신의 능력 발휘 방법 인식
	자기관리 능력	업무에 필요한 자질을 지닐 수 있도록 스스로를 관리하는 능력	• 개인의 목표 정립(동기화) • 자기 통제 • 자기관리 규칙의 주도적인 실천
	경력개발 능력	끊임없는 자기 개발을 위해서 동기를 갖고 학습하는 능력	• 삶과 직업세계에 대한 이해 • 경력개발 계획 수립 • 경력전략의 개발 및 실행
자원관리 능력	시간관리 능력	업무 수행에 필요한 시간자원이 얼마나 필요한지를 확인하고, 이용 가능한 시간자원을 최대한 수집하여 실제 업무에 어떻게 활용할 것인지를 계획하고 할당하는 능력	• 시간자원 확인 • 시간자원 확보 • 시간자원 활용계획 수립 • 시간자원 할당
	예산관리 능력	업무 수행에 필요한 자본자원이 얼마나 필요한지를 확인하고, 이용 가능한 자본자원을 최대한 수집하여 실제 업무에 어떻게 활용할 것인지를 계획하고 할당하는 능력	• 예산 확인 • 예산 할당
	물적자원 관리능력	업무수행에 필요한 재료 및 시설자원이 얼마나 필요한지를 확인하고, 이용 가능한 재료 및 시설자원을 최대한 수집하여 실제 업무에 어떻게 활용할 것인지를 계획하고 할당하는 능력	• 물적자원 확인 • 물적자원 할당
	인적자원 관리능력	업무수행에 필요한 인적자원이 얼마나 필요한지를 확인하고, 이용 가능한 인적자원을 최대한 수집하여 실제 업무에 어	• 인적자원 확인 • 인적자원 할당

| 직업기초
능력 영역 | 하위능력의 정의 및 세부 능력 요소 | | |
	하위능력	정의	세부 요소
		떻게 활용할 것인지를 계획하고, 할당하는 능력	
대인관계 능력	팀워크 능력	다양한 배경을 가진 사람들과 함께 업무를 수행하는 능력	• 적극적 참여 • 업무 공유 • 팀구성원으로서의 책임감
	리더십 능력	업무를 수행함에 있어 다른 사람을 이끄는 능력	• 동기화시키기 • 논리적인 의견 표현 • 신뢰감 구축
	갈등관리 능력	업무를 수행함에 있어 관련된 사람들 사이에 갈등이 발생하였을 경우 이를 원만히 조절하는 능력	• 타인의 생각 및 감정 이해 • 타인에 대한 배려 • 피드백 제공 및 받기
	협상능력	업무를 수행함에 있어 다른 사람과 협상하는 능력	• 다양한 의견 수렴 • 협상가능한 실질적 목표 구축 • 최선의 타협방법 찾기
	고객서비스 능력	고객의 요구를 만족시키는 자세로 업무를 수행하는 능력	• 고객의 불만 및 욕구 이해 • 매너있고 신뢰감 있는 대화법 • 고객 불만에 대한 해결책 제공
정보능력	컴퓨터활용 능력	업무와 관련된 정보를 수집, 분석, 조직, 관리, 활용하는 데 있어 컴퓨터를 사용하는 능력	• 컴퓨터 이론 • 인터넷 사용 • 소프트웨어 사용
	정보처리 능력	업무와 관련된 정보를 수집하고, 이를 분석하여 의미 있는 정보를 찾아내며, 의미 있는 정보를 업무수행에 적절하도록 조직하고, 조직된 정보를 관리하며, 업무수행에 이러한 정보를 활용하는 능력	• 정보 수집 • 정보 분석 • 정보 관리 • 정보 활용
기술능력	기술이해 능력	업무 수행에 필요한 기술적 원리를 올바르게 이해하는 능력	• 기술의 원리와 절차 이해 • 기술 활용 결과 예측 • 활용 가능한 자원 및 여건 이해
	기술선택 능력	도구, 장치를 포함하여 업무 수행에 필요한 기술을 선택하는 능력	• 기술 비교, 검토 • 최적의 기술 선택
	기술적용 능력	업무 수행에 필요한 기술을 업무 수행에 실제로 적용하는 능력	• 기술의 효과적 활용 • 기술 적용 결과 평가 • 기술 유지와 조정
조직이해 능력	국제감각	주어진 업무에 관한 국제적인 추세를 이해하는 능력	• 국제적인 동향 이해 • 국제적인 시각으로 업무 추진 • 국제적 상황 변화에 대처

직업기초 능력 영역	하위능력의 정의 및 세부 능력 요소		
	하위능력	정의	세부 요소
	조직체제 이해능력	업무 수행과 관련하여 조직의 체제를 올 바르게 이해하는 능력	• 조직의 구조 이해 • 조직의 규칙과 절차 파악 • 조직간의 관계 이해
	경영이해 능력	사업이나 조직의 경영에 대해 이해하는 능력	• 조직의 방향성 예측 • 경영조정(조직의 방향성을 바로잡기 위한 행위) • 생산성 향상 방법
	업무이해 능력	조직의 업무를 이해하는 능력	• 업무의 우선순위 파악 • 업무활동 조직 및 계획 • 업무수행의 결과 평가
직업윤리	근로 윤리	업무에 대한 존중을 바탕으로 근면하고 성실하고 정직하게 업무에 임하는 자세	• 근면성 • 정직성 • 성실성
	공동체 윤리	인간 존중을 바탕으로 봉사하며, 책임 있 고, 규칙을 준수하며 예의 바른 태도로 업무에 임하는 자세	• 봉사 정신 • 책임 의식 • 준법성 • 직장 예절

출처: 국가직무능력표준 홈페이지(https://www.ncs.go.kr)

　　NCS는 직무 유형을 중심으로 구성되어 있어 각 직무별로 직업기초역량에서 요
구되는 수준과 각 직무별 직무수행에서 요구되는 역량 수준을 구체적으로 제시하
고 있다. NCS홈페이지(www.ncs.go.kr)에서 이를 구체적으로 확인할 수 있다. 또한,
NCS홈페이지에서는 직업기초역량을 기르는 데 도움이 되는 온라인 교육을 제공
하고 있으며, 자신이 원하는 직무를 수행하기 위해 필요한 경력개발경로와 어떤
직무 능력이 어느 정도 수준으로 요구되는지 직무수행능력수준도 확인할 수 있다.

2. 미래에 요구되는 직업 역량

앞서 언급한 직업세계에서의 변화는 최근 인공지능이 급격하게 발전하면서 가속화되고 있다. Chat GPT가 공개되면서 현존하는 자료들을 처리하고 가공하는 능력은 인간보다 인공지능이 월등하다는 것이 확인되었고, 비용을 지불하지 않거나 약간의 비용만 지불하면 누구나 그 능력을 활용할 수 있다. 다시 말해, 현존하는 지식을 습득하여 오랫동안 기억하고 이를 보기 좋게 정리하는 능력은 더 이상 인간의 고유한 능력이 아니라는 것이다. 이 때문에 직업세계에서 빠르게 사라질 일자리로 특정 분야의 지식을 많이 습득해서 활용하거나 반복해서 계산하는 것과 관련된 직업군이 거론되는 것이다. 반면, 다양한 경험과 지식을 활용하여 문제점을 파악하고, 이를 해결할 수 있는 역량, 문제 해결 과정에서 다양한 배경을 가진 사람들과 소통하고 협력할 수 있는 역량은 인공지능 시대에 개인에게 더욱 요구되고 있다.

2023년에 발표된 세계경제포럼의 미래 직업에 대한 동향 보고서(Future of Jobs Report)에 따르면, 직업 시장이 변화함에 따라 직업 환경에서 새로운 직무 역량과 요구들도 달라지고 있다. 다음은 세계경제포럼에서 제시하는 미래 사회에서 요구하는 역량들을 태도와 지식 및 기술로 구분하여 제시한 표이다.

〈표 8-3〉 세계경제포럼에서 제시하는 미래 사회에서 요구하는 역량

구분	하위 구분	기술
태도	윤리	환경 관리(Environmental stewardship) 글로벌 시민 의식(Global citizenship) 호기심과 평생 학습(Curiosity and lifelong learning)
	자기효능감	신뢰성과 세부 사항에 대한 주의(Dependability and attention to detail) 동기 부여와 자기 인식(Motivation and self-awareness) 회복력, 유연성 및 민첩성(Resilience, flexibility and agility)
	협력	공감과 적극적 경청(Empathy and active listening) 리더십과 사회적 영향력(Leadership and social influence) 교육 및 멘토링(Teaching and mentoring)

기술, 지식과 능력	인지 기술	분석적 사고(Analytical thinking) 창의적 사고(Creative thinking) 다국어 능력(Multi-lingualism) 읽기, 쓰기 및 수학(Reading, writing and mathematics) 시스템 사고(Systems thinking)
	참여 기술	마케팅 및 미디어(Marketing and media) 서비스 지향 및 고객 서비스(Service orientation and customer service)
	관리 기술	품질 관리(Quality control) 자원 관리 및 운영(Resource management and operations) 인재 관리(Talent management)
	신체 능력	수공예 솜씨, 지구력 및 정밀도(Manual dexterity, endurance and precision) 감각 처리 능력(Sensory-processing abilities)
	테크놀로지 기술	인공지능 및 빅 데이터(AI and big data) 디자인 및 사용자 경험(Design and user experience) 네트워크 및 사이버 보안(Networks and cybersecurity) 프로그래밍(Programming) 기술 문해력(Technological literacy)

출처: Futures of Jobs Report(2023)

또한, 이 보고서에서는 이 역량들 중 많은 기업에서 핵심역량으로 여기는 것이 무엇인지 확인하고 시간이 지남에 따라 이 중 어떤 역량들이 더 중요하게 여겨질지를 제시하기도 하였다. 이 보고서에 따르면, 분석적 사고, 창의적 사고, 회복력, 유연성 및 민첩성, 동기 부여와 자기 인식, 호기심과 평생 학습, 기술 문해력, 신뢰성과 세부 사항에 대한 주의, 공감과 적극적 경청, 리더십과 사회적 영향력이 10대 핵심 역량에 해당한다.

보고서에서는 이 중 분석적 사고와 창의적 사고는 시간이 지날수록 그 중요성이 가장 빠르게 증가할 것으로 예상하였다. 이러한 인지적 기술의 중요성이 가장 빠르게 증가할 것으로 예상되는 것은 직장에서 복잡한 문제 해결의 중요성이 커지는 것과 관련된다. 특히, 창의적 사고의 경우, 분석적 사고보다 그 중요성이 더 빠르게 높아질 것으로 예상하였는데, 이는 작업의 자동화와 관련된다. 또한, 호기심과 평생 학습, 회복력, 유연성 및 민첩성, 동기 부여 및 자기 인식 역량의 중요성도 빠르게 증가할 것으로 예측하였다. 이는 기술 수명이 단축됨에 따라 기업들이 평생 학습 문화를 수용하는 회복력 있고 성찰적인 근로자의 중요성을 강조하고 있다는 것을 보여 준다. 마지막으로 이 보고서에서는 윤리적 기술이 처음으로 보고서의 기술 분류법에 포함되었음에 주목하였다. 조사에 참여한 68%의 기업은 소비자들이 사회적, 환경적 이슈에 대해 더 주목할 것으로 예측하고 있었다. 이는 기업들이 최첨단 기술을 채택하고 친환경적 요구에 대응하기 위해서는 근로자들에게 윤리적 요구에 충족시킬 수 있는 역량을 요구하게 될 것임을 시사한다.

3. 역량 개발

직업세계에서 요구하는 역량들은 직업세계에 들어가기 전에 다양한 교육과 경험을 통해 개발될 수 있지만, 직업을 갖고 난 이후에 직무 수행 과정에서 개발되기도 한다. On the Job Training(OJT)이 대표적인 직무 수행 과정에서 역량을 개발하는 방법이다. OJT는 대부분 신입 사원들에게 제공되는 훈련 방법으로 특정 직무에 배정된 이후 해당 직무를 능숙하게 수행할 수 있는 훈련 담당 직원으로부터 지도를 받으며 직무를 습득하게 된다. OJT는 훈련 담당자의 역량에 따라 훈련의 질이 좌우된다는 약점이 있으나, 실제 직무 수행 과정에서 훈련을 받으며 수행에 대한 피드백을 즉각 받을 수 있어 학습 효과와 효율이 높다는 장점이 있다. 하지만, 취업이 되고 직무가 배정된 이후에나 가능하므로 구직자는 OJT를 통해 직무 역량을 개발할 기회를 갖기 어렵다. 하지만 현장실습이나 인턴십과 같은 형태로 직무에 필요한 역량을 직업 현장에서 개발할 수 있다. 현장 실습이나 인턴십을 통해 자신이 희망하는 직장에서 실제 업무를 직간접적으로 경험하면서 필요한 기술과 지식, 태도를 습득할 수 있다. 많은 대학들이 학과나 단과대 단위에서 실습 기회를 제공하기도 하고 산학협력단이나 취창업지원센터 등의 기관에서 현장 실습이나 인턴십 기회를 제공하고 있다. 이런 기회들은 대부분 어느 정도 진로를 결정한 시기인 3학년이나 4학년에게 제공되나 1학년이나 2학년 때부터 자신이 희망하는 직종과 관련된 프로그램을 미리 파악해 두는 것이 좋다. 특정 실습처나 인턴십 프로그램 제공 기업들에서는 실습자나 인턴의 자격 조건을 제시하는 경우도 있기 때문이다. 또한, 실습생이나 인턴은 받는 수도 제한되어 있으므로 때로는 실습이나 인턴십 자리를 두고 다른 학생들과 경쟁을 하기도 한다. 따라서 1학년이나 2학년 때 미리 학교에서 제공되는 실습이나 인턴 프로그램을 파악해 두고 그에 필요한 경험이나 자격을 갖춰 두는 것이 좋다.

다음으로 역량을 개발할 수 있는 방법으로는 여러 사람들과 협력하여 성과물을 만들어 내는 경험을 하는 것이다. NCS에서 제시하는 직업기초능력에서나 세계경제포럼에서 제시하는 미래 사회에서 요구하는 역량에서도 다른 사람과 의사소통하고 문제를 함께 해결하는 데 필요한 역량의 중요성을 강조하고 있다. 이런 역량은 의사소통하는 방법을 지식적으로 알고 있는 것만으로 발휘될 수 없다. 실제로 자신과 다른 배경을 갖고 있으면서 다른 역량을 가진 사람들과 공동의 목표를 성취하기 위한 과정을 함께 하면서 기를 수 있다. 따라서 대학 생활을 하는 동안 다양한 사람들과 소통하고 협력할 수 있는 기회를 만들고, 그 과정에서 자신에게 부족한 부분이 무엇인지 파악하여 이를 보완할 필요가 있다. 대학에서 제공하는 여러 수업들에서의 팀 과제, 학과 및 학교 동아리, 다른 학교와의 연합 동아리, 국내외 봉사활동 등 다른 사람과의 협력을 통해 성과를 내야 하는 활동들은 다양하다.

마지막으로 직업세계에서 요구하는 역량을 개발할 수 있는 방법으로는 온·오프라인으로 제공되는 다양한 교육들이다. 앞서 언급한 것처럼 NCS 직업기초능력의 경우에는 NCS 홈페이지에서 제공하는 온라인 교육을 통해 개발 가능하다. NCS 홈페이지에서는 직업기초능력의 하위 영역별로 그에 맞는 동영상 강의를 제공하고 있다. 직업능력개발을 위한 훈련을 지원해 주는 제도도 존재한다. 국민내일배움카드 제도는 국민들이 스스로 자신의 역량 개발 향상 등을 하기 원하는 경우, 직업능력개발훈련을 실시할 수 있도록 훈련비 등을 지원하는 제도이다. 졸업까지 남은 수업 연한이 2년이 초과하는 대학생의 경우에는 지원 대상이 아니나 졸업까지 수업 연한이 2년 미만으로 남는 경우에는 지원 자격이 된다. 이외에 구글(예: GOOGLE CAREER CERTIFICATES, https://grow.google)이나 삼성(예: 삼성 청년 SW아카데미, www.ssafy.com)과 같은 글로벌 기업의 경우에는 외부인을 대상으로 기술과 경영 능력을 개발하는 데 도움이 되는 온라인, 혹은 오프라인 프로그램을 제공하고 있다. 대부분 해당 기업에서 요구하는 기술과 관련된 능력을 배양하는 데 도움이 되는 내용으로 구성되어 있으며, 수료 조건을 충족하면 수료증을 발급해 주기도 한다.

1. 희망 직무 역량 확인하기

NCS 홈페이지(www.ncs.go.kr)를 방문하여 자신이 희망하는 직종 및 직무 분야를 확인하고 해당 직무에서 요구하는 직업기초능력과 직무수행능력이 무엇인지 조사해 보고 관련된 자신의 강점도 점검해 보세요. 개인별로 작성한 후 조별로 여러 명이 작성한 내용을 종합해서 다양한 직종 및 직무에서 요구하는 능력에 대해 함께 이야기를 나눠 보세요.

희망 직종 및 직무	1. _____ 2. _____ 3. _____	
직업기초능력	요구하는 능력	관련된 자신의 강점
직무수행능력	요구하는 능력	관련된 자신의 강점

2. 역량 개발 계획 수립하기

활동 1에서 조사한 내용을 바탕으로 역량 개발 계획을 세워 보세요. 역량 개발 계획 수립 시 다음 표를 참고해서 필요에 따라 양식을 변경해서 작성해 보세요.

학년	교육 및 활동	관련 역량
1학년		
2학년		
3학년		
4학년		

9 진로정보의 탐색

진로를 계획하고 결정하는 과정에서 진로정보의 탐색은 필수적이다. 진로정보는 크게 자기에 대한 정보와 직업세계에 대한 정보로 구분해 볼 수 있는데, 이 장은 직업세계 정보에 초점을 두었다. 진로 발달 단계에 따라 필요한 진로정보의 범위와 구체성은 달라질 수 있으나, 특정 직업을 목표로 정하기 전에 직업세계에 대한 정보를 폭넓게 탐색하며 다양한 진로 대안을 파악하는 것이 중요하다. 이 장에서는 진로정보란 무엇인지, 구체적으로 어떤 정보의 탐색이 필요한지 살펴본 뒤, 진로정보를 탐색하는 방법을 소개한다. 또한, 진로정보를 탐색하고 활용할 때 유의해야 할 점에 대해 논의한다. 먼저, 다음 질문에 대하여 생각해 보자. 진로와 관련하여 현재 내가 알고 있는 정보는 무엇인가? 진로와 관련하여 더 알고 싶은 정보는 무엇인가? 정보를 탐색하고 싶은 직업 분야가 있다면 무엇인가? 진로정보를 어떻게 탐색할 것인가?

1. 진로정보의 의미와 종류

진로정보란 진로를 설계하고 실행하는 데 필요한 정보를 의미한다. 핵심적인 진로정보로는 크게 자신에 대한 정보와 직업세계에 관한 정보가 있다. 이 중, 생애역할, 성격, 흥미, 적성, 가치관 등 다양한 측면의 이해와 관련된 자기 정보는 이 책의 이전 장들에서 다루었다. 따라서 이 장에서는 직업세계와 관련한 정보에 초점을 맞추고자 한다.

진로를 설계하기 위해서 직업세계에 대해 어떤 정보가 필요할지 생각해 보자. 쉽게 떠올릴 수 있는 것은 직업의 종류이다. 어떤 직업들이 있는지 알아야 이를 바탕으로 진로 대안을 넓힐 수 있다. 하지만 세상에 존재하는 모든 직업의 종류를 파악하는 것은 불가능하다. 그렇다면 어떻게 직업의 종류를 탐색해야 할까? 아마도 많은 경우, 자신의 전공과 관련된 직업, 흥미를 느낄 수 있는 직업, 적성을 발휘할 수 있는 직업, 혹은 근로 시간이나 임금 등 선호하는 근무 조건에 맞는 직업 등을 찾아보고 싶을 것이다. 지금 나열한 것들은 모두 직업세계 정보에 포함된다.

즉, 직업정보를 몇 가지 부류로 구분하여 살펴보면, 먼저 일의 속성 및 환경과 관련하여, 하는 일(직무), 필요한 교육·훈련·자격, 요구되는 지식·기술, 근무 조건 및 환경(임금·근무 시간·성장 기회·안정성·근무 분위기, 조직문화 등), 미래 전망 등이 있다. 자신의 특성과의 적합도를 파악하기 위해서는, 직업에서 요구하는 적성, 해당 직업을 대표하는 흥미, 성격, 가치관, 강점 등에 관한 정보가 필요하다. 또한, 입직과 관련하여 일할 수 있는 기관이나 장소, 입직 기회의 정도(고용 현황 등), 진입 경로 등에 대해서도 궁금할 것이다.

진로를 설계할 때는 이처럼 다양한 직업세계 정보를 충분히 탐색해야 한다. 만약 어디에서부터 진로정보 탐색을 시작해야 하는지 막막하다거나, 방대한 정보의 양에 압도당하는 것이 우려된다면, 자신에게 특히 중요한 정보가 무엇인지를 파악하는 것이 효과적일 수 있다. 예를 들어, 직업을 통해 흥미를 표현하는 것이 중요하다면 나의 흥미를 파악하고, 그러한 흥미에 적합한 직업들을 살펴보는 것을 진로정보 탐색의 출발점으로 삼을 수 있다. 고려하고 있는 각 직업에 적합한 흥미를 온라인 정보, 직업인 인터뷰, 직접 체험 등 복수의 방식으로 탐색해 볼 수도 있다. 임금과 미래의 안정성을 중요시한다면, 고용시장의 변화, 산업 전망, 임금 동향, 직업의 성장 가능성 등의 정보를 찾아보는 것에서 시작할 수 있을 것이다. 이제 이러한 진로정보를 탐색할 방법에 대해 알아보자.

2. 진로정보 탐색 방법

진로정보를 탐색할 수 있는 출처와 방법은 점점 다양화되고 있다. 이 장에서는 진로정보를 얻을 수 있는 주요 방법을 진로정보 온라인 플랫폼, SNS 및 온라인 커뮤니티, 네트워킹, 직접 체험, 출판 및 연구 자료의 다섯 가지로 구분하여 살펴본다.

1) 진로정보 온라인 플랫폼

온라인 플랫폼은 국내외 직업과 진로에 관한 방대한 정보를 손쉽게 찾아볼 수 있는 통로이다. 진로와 취업 정보를 제공하는 다양한 온라인 플랫폼이 존재하지만, 이 중에서도 공공·국가기관 운영 플랫폼인 커리어넷, 고용24, 클린아이와 민간 취업사이트, 그리고 미국의 진로정보 플랫폼인 O*NET Online을 대표적으로 소개한다.

(1) 커리어넷(CareerNet)

https://www.career.go.kr

교육부의 지원을 받아 한국직업능력연구원이 운영하는 커리어넷은 초등학생부터 대학생, 그리고 학부모와 교사에 이르기까지 대상별 맞춤형 진로정보를 제공한다. '대학생·일반' 맞춤 서비스로 들어가면, 다양한 직업정보는 물론이고, 진로 고민을 작성하면 답변을 받을 수 있는 진로 상담, 그리고 자신의 적성, 효능감, 가치관, 진로개발준비도 등을 파악해 볼 수 있는 온라인 진로심리검사 등을 접할 수 있다.

직업정보 탐색을 위해, '직업백과'에서 직업명을 직접 검색해 볼 수 있으며, 직업 테마별(예: AI/로봇, 교육, 의료/바이오), 적성 유형별, 조건별(평균 연봉 등), 직업 분류별로 관심 있는 키워드를 클릭하여 제시되는 관련 직업 목록들을 살펴보고, 그 중 관심이 가는 직업의 정보를 좀 더 자세히 들여다볼 수도 있다. 커리어넷은 500

여 개의 직업정보를 제공하는데, 특정 직업을 클릭하면 관련 직업명과 학과 및 자격, 하는 일, 핵심 능력, 적성 및 흥미, 평균 연봉 등의 정보를 요약적으로 보여준다. 이러한 직업개요뿐만 아니라, 직업탐색 및 준비 방법, 직업현황 및 지표(전망, 임금수준 및 직업 만족도, 학력 및 전공 분포 등), 핵심 능력·지식 및 업무환경, 이 직업을 본 회원 특성(성별 및 학교급, 적성 유형) 정보도 제공된다.

　이외에도, 각 분야 직업인들의 인터뷰와 진로경로 등을 글과 동영상으로 만나볼 수 있다. 학과정보 검색을 통해 각 학과별 관련 직업들을 살펴보고, 관심 있는 직업을 클릭하여 학과와 연결된 직업정보를 탐색하는 것도 가능하다.

[그림 9-1] 커리어넷 '대학생·일반' 맞춤 서비스 화면

출처: 커리어넷, https://www.career.go.kr/cnet/front/type/typeService.do?seq=100208(2024. 12. 3. 인출)

(2) 고용24

https://www.work24.go.kr

고용24는 고용노동부와 한국고용정보원이 운영하는 고용서비스 플랫폼이다. 기존의 워크넷(WorkNet)을 비롯하여 고용보험, HRD-Net 등 여러 고용정보 사이트가 2024년 9월 고용24로 통합되었다(한국고용정보원, 2024).

고용24는 채용정보, 구직신청, 구직자 취업역량 강화프로그램, 취업준비정보 등 다양한 진로·취업 정보와 서비스를 제공한다. 채용과 관련하여, 직종, 지역, 테마별로 분류된 채용 공고와 채용 박람회 일정 등을 제공하며, 무료회원가입을 통해 맞춤 설정(직종, 지역, 학력, 기업 형태 등)을 하면 관련 채용 정보를 이메일로 받아 볼 수 있다. 당장 취업을 준비하는 단계가 아니더라도 이 같은 채용 정보의 탐색은 관심 분야의 고용시장 동향을 파악하는 데 도움이 된다. '취업지원' 탭에서 '취업가이드'를 선택하면, 자기정보 탐색을 위한 직업심리검사(직업 흥미, 가치관, 적성 등)와 취업 준비를 위한 취업동향, 직무별 자소서 작성가이드, 면접 전략 등이 제시된다.

특히, 고용24에서 제공하는 '한국직업정보'는 한국고용정보원에서 매년 실시하는 직업별 1년 이상 경력의 재직자 약 30명으로부터 조사한 직무 특성, 근로자 특성(성격, 흥미, 가치관 등), 노동시장 특성(임금, 미래 전망, 일자리 만족도 등)을 반영하고 있다. 그에 따라, 직업별로 하는 일, 교육/자격/훈련, 임금/만족도/전망, 능력/지식/환경, 성격/흥미/가치관, 업무활동, 전직가능직업, 일자리 전망 등에 대한 신뢰할 만한 정보를 탐색할 수 있다. 직업정보는 '직업분류별'로 찾을 수도 있지만, '내게 맞는 직업 찾기'를 통해 자신의 흥미, 지식, 능력, 선호하는 업무 환경을 선택하여 해당 조합에 적합한 직업정보를 찾아볼 수도 있다. 또한, 커리어넷과 마찬가지로 학과정보를 검색하면 진출 가능한 직업명들이 제시되어, 이 중 관심 직업을 클릭하여 직업정보 탐색으로 이어갈 수 있다.

[그림 9-2] 고용24 '직업정보' 화면

출처: 고용24, https://www.work.go.kr/consltJobCarpa/srch/jobInfoSrch/srchJobInfo.do?searchType3=4#srch JobInfoTab (2024. 12. 13. 인출)

(3) 클린아이 경영정보 공개시스템 / 잡플러스

https://www.cleaneye.go.kr / https://job.cleaneye.go.kr

행정안전부에서 운영하는 클린아이는 지방공공기관 경영정보 공개시스템이다. 지방공공기관(지방 공기업 및 지방출자·출연기관)의 재무 상태, 운영 실적, 채용 현황, 근로 환경 등을 파악할 수 있다. 주요 통계 메뉴에서는 지방공공기관의 신규채용 현황, 시간선택제활용현황, 유연근무 현황 등에 대한 유형별·기관별·연도별 통계를 제공한다. 부속 서비스인 '클린아이 잡플러스'를 통해서는 지방공공기관의 채용 공고와 채용 설명회 일정 등을 확인할 수 있다. 따라서 지방공공기관 취업을 희망하는 경우 클린아이 및 잡플러스를 통해 관련 정보를 탐색할 수 있으며, 민간 기업, 지방공공기관 등의 근무 여건과 채용 현황을 비교해 보면서 좀 더 폭넓게 진로 정보를 탐색하는 과정에서도 유용하게 활용할 수 있다.

(4) 민간 취업정보 사이트

취업 관련 직접적인 정보를 얻을 수 있는 민간 플랫폼으로는 잡코리아(https://

www.jobkorea.co.kr), 사람인(https://www.saramin.co.kr) 등이 있다. 이들 플랫폼에서는 채용 공고, 직무별 요구 역량, 기업 리뷰, 연봉 동향 등을 확인하고, 재직자들의 경험담을 통해 기업 문화를 파악할 수 있다. 취업을 본격적으로 준비하는 단계에 있지 않더라도, 관심 직군의 채용 동향, 기업 문화, 기업에서 요구하는 조건 등의 정보를 탐색하는 것은 직업세계를 이해하는 데 도움이 될 수 있다.

이외에도, 잡코리아는 재직자 직무 인터뷰, 기업별 합격 자기소개서를, 사람인은 AI 기반 자기소개서 첨삭과 기본적인 면접 코칭 기능 등을 제공한다. 두 플랫폼 모두 커뮤니티 기능을 통해 이용자 간 취업 후기 등 정보를 공유하고, 인·적성 검사와 면접 준비, 취업 후 회사 생활 및 이직 고민을 나눌 수 있다. 대부분의 진로 및 취업 정보는 무료로 제공되며, 일부 유료 기능은 이용 전에 확인이 필요하다.

(5) O*NET Online

https://www.onetonline.org

O*NET Online은 900여 개의 직업별 요구 지식, 기술, 능력을 체계적으로 정리한 미국의 직업정보 플랫폼이다. 미국 기반 진로정보를 탐색하여 국내 정보와 비교해 보거나, 해외에서의 진로탐색을 원하는 경우 활용할 수 있다. 직접 직업명을 검색할 수도 있고, 성장 속도, 취업 기회 등 각 측면에서 전망이 밝다고 추천된 직업들을 살펴볼 수도 있다. 또한, 자신이 보유한 능력, 흥미, 지식, 기술 등을 클릭하면 각 특성의 조합에 적합한 직업 목록이 제시되는 등 자기 이해와 직업정보를 대응시켜 찾아보기에도 편리하다. 자신의 흥미에 맞는 직업을 찾아보고 싶다면, 홀랜드 흥미 유형 코드를 한 개에서 세 개까지 선택할 수 있다. 예를 들어, 연구형(investigative), 사회형(social), 예술형(artistic)을 선택하면, 특수 교사, 음악 치료사, 사회학자, 건축 교사(고등교육), 영문학 교사(고등교육)의 직업 목록이 나타나고, 각 직업을 클릭하면 상세한 정보를 탐색할 수 있다. 직업별로 직무, 기술, 근무 환경, 필요한 교육/훈련/경험/자격, 요구되는 개인의 기술/지식/교육/능력/흥미, 가치관/일하는 방식, 그리고 미국 내 임금과 고용 동향, 관련 협회 등의 종합적인 정보를 제공하고, 관련된 다른 직업들도 추천한다.

2) SNS 및 온라인 커뮤니티

SNS(Social Networking Services)와 온라인 커뮤니티는 사람들과 소통하며 생생한 진로정보를 탐색할 수 있는 도구이다. 현직자들의 현장 경험, 전문가나 유사한 진로 관심사를 가진 사람들이 공유하는 정보를 탐색하거나, 메시지나 댓글 등을 통해 자신이 가진 구체적인 질문을 할 수 있다. 취·창업 준비 과정에서 실질적인 조언을 얻기에도 유용하다.

그러나 SNS와 온라인 커뮤니티에서 얻은 정보를 활용할 때는 신뢰성을 점검하는 것이 중요하다. 다양한 의견을 비교 분석하고, 공공기관이나 국가에서 제공하는 검증된 자료, 또는 기업 및 기관에서 제공하는 공식 정보를 함께 확인하는 것이 바람직하다.

(1) LinkedIn(링크드인)

https://www.linkedin.com

링크드인은 글로벌 비즈니스 네트워크 플랫폼으로, 직무 정보를 검색하는 것을 넘어서, 일과 관련하여 네트워킹하고, 자신의 경력을 알리고 새로운 기회를 모색하는 데 활용할 수 있다. 관심 직무나 기업의 현직자 프로필을 통해 개개인의 고유한 경력 경로를 살펴볼 수 있고, 링크드인 상에서 현직자에게 연결 요청을 보내거나 메시지를 주고받으며 관계를 형성할 수 있는 점이 특징이다. 이를 위해서는 자신의 링크드인 프로파일을 만드는 것이 좋다. 경력, 학력, 스킬 등을 포함한 프로필을 작성해 온라인 이력서처럼 활용할 수 있으며, 이를 통해 현직자, 업계 전문가, 헤드헌터와 연결될 기회를 얻을 수 있다. 또한, 관심 그룹에 가입하여 업계의 최신 동향이나 전문적인 정보를 사람들과 교환할 수 있다.

(2) 기타

많이 사용하고 있는 인스타그램, 페이스북과 같은 SNS와 온라인 커뮤니티를 통해서도 진로정보를 탐색할 수 있다. 관심 있는 주제를 키워드로 검색하여 관련 그룹, 계정, 또는 게시물을 찾고, HR 전문가, 관심 분야의 전문가, 현직자, 혹은 같은 관심 분야를 준비하는 사람들의 계정을 팔로우하거나 그룹에 가입하여 정보를 얻고 소통할 수 있다. 그 밖에도 유튜브에는 일의 세계에 대해 현직자가 입직 과정부터 현직에서의 개인적인 경험까지 생생하게 소개하는 여러 영상과 채널들이 있으며, 진로설계나 경력개발에 관한 전문 채널을 통해 정보를 접할 수 있다. 이처럼 SNS와 온라인 커뮤니티는 다양한 견해와 경험, 정보를 접할 수 있는 유용한 경로이다. 다만, 개인마다 경험과 견해가 다르고, 검증되지 않은 정보가 공유되기도 하므로, 이를 비판적으로 판단하고 신중히 활용해야 한다.

3) 네트워킹

현장 종사자나 전문가와의 네트워킹은 진로정보를 탐색하는 주요 방법 중 하나이다. 네트워킹은 단회의 정보 수집에 그치는 것이 아니라, 자신을 알리고 관계를 형성하는 과정이라는 점에서 중요하다. 이러한 네트워킹은 미래의 진로정보 탐색과 준비 과정에서 유용한 자원이 될 수 있다.

(1) 직업인 인터뷰

직업인 인터뷰는 특정 직업에 종사하는 사람과 대화를 통해 그 직업의 실제 업무, 필요한 역량, 일의 보람과 어려움 등을 알아보는 활동이다. 자신이 궁금한 점을 구체적으로 물어볼 수 있고, 실제 경험에서 나온 현실적이고 개인화된 조언을 들을 수 있다는 것이 큰 장점이다. 직업정보 사이트나 책에서는 찾기 어려운 일상의 업무나 개인적인 경험을 들을 수 있으며, 인터뷰를 통해 해당 직업군의 전문가와 네트워크를 형성할 기회도 생길 수 있다.

인터뷰를 요청할 관심 직업군 종사자를 찾기 위해, 가족, 학교 동문, 교사 또는 교수 등과 연결된 네트워크나 LinkedIn과 같은 SNS를 활용할 수 있다. 인터뷰를 실행하기 전, 해당 직업에 대한 기본적인 정보를 조사한 후, 기존 자료에서는 얻기 어려운 현직 종사자의 경험과 조언을 들을 수 있도록 구체적인 인터뷰 질문을 준비해야 한다. 다음은 몇 가지 예시이다.

"이 직업을 선택하게 된 계기나 동기는 무엇인가요?"

"현재의 직업을 갖기까지 어떤 경로를 거치셨나요?"

"현재 직업에서 하루 일과는 보통 어떠한가요?"

"이 직업에 필요한 가장 중요한 기술이나 역량은 무엇인가요?"

"이 직업을 성공적으로 수행하기 위해 갖춰야 할 개인적인 특성은 무엇이라고 생각하시나요?"

"이 직업에 진입하려는 사람들이 준비해야 할 것은 무엇이라고 생각하시나요?"

"이 직업에서 가장 보람을 느낀 순간은 언제였나요?"

"이 일을 하면서 가장 어려운 점은 무엇인가요?"

"이 직업을 준비하는 대학생들에게 추천할 만한 경험이나 활동이 있나요?"

"이 직업의 향후 전망은 어떻게 보시나요?"

"이 직업을 희망하는 사람들에게 어떤 조언을 해 주고 싶으신가요?"

사전에 허락을 구한 뒤, 인터뷰 중 필요한 메모를 하거나 녹음을 통해 인터뷰 내용을 기록한다. 인터뷰가 끝난 후에는 인터뷰 내용을 바탕으로 자신의 진로설계를 구체화하는 후속 작업을 진행한다. 직업인 인터뷰의 구체적인 절차는 적용해 보기 2(p. 142)에 제시되어 있다.

(2) 직무·채용·산업 박람회

직무·채용·산업 박람회는 특정 직무, 산업 또는 기업에 대한 정보를 제공하고, 구직자, 고용주, 그리고 관련 전문가가 네트워킹하고 기회를 모색할 수 있도록 개최되는 행사이다. 이러한 박람회에 가서 다양한 기업과 직무에 대한 정보를 한 자리에서 얻을 수 있으며, 실질적인 질문을 하고 답변을 받을 수 있다. 박람회의 예로는, 대학에서 개최하는 취업 박람회, IT·제조·금융 등 특정 산업 중심의 산업 박람회, 또는 다국적 기업들이 참가하는 글로벌 채용 박람회 등이 있다. 진로정보 탐색을 위해 박람회를 활용할 때에는 자신의 관심사와 역량을 간략히 설명할 수 있는 자기소개를 준비하고, 사전에 참가 기업과 프로그램을 조사하여 관심 직무와 관련된 부스나 부대행사에 참석하는 것이 효과적이다.

(3) 협회 및 학회의 행사

협회 및 학회의 행사는 특정 산업이나 학문 분야와 관련된 최신 정보를 접하고, 전문가 및 연구자와 소통할 수 있는 장이다. 관심 분야의 협회나 학회를 통해 관련 행사 일정을 확인할 수 있다. 예를 들어, 특정 직업군(예: 마케팅, IT, 의료 등) 관련 협회에서 주최하는 행사를 통해 해당 분야 실무와 관련된 최신 산업 트렌드를 접할 수 있다. 대학원 진학이나 연구자로서의 진로를 고민하는 경우, 학회(예: 교육학회, 사회복지학회, 간호학회, 기계학회, 경영학회 등)의 학술행사에 참석하여 연구 동향과 실제 현장의 이슈를 파악하고, 관련 전문가와 교류할 수 있다.

(4) 멘토링 및 상담

관심 있는 분야에서 경험이 풍부한 전문가나 선배의 멘토링 또는 상담을 통해 진로 탐색에 대한 도움을 얻을 수 있다. 이 과정에서 특정 직업군에서 요구되는 역량, 경력개발 방법, 그리고 개인의 상황에 맞춘 조언을 받을 수 있다. 많은 대학에서 운영하고 있는 동문 선배와의 멘토링 프로그램이나 지역 사회의 멘토링 프로그램 등에 참여하거나, LinkedIn과 같은 플랫폼을 활용해 관련 분야 멘토를 직접 찾을 수 있다.

전문 상담자와의 진로 상담 및 심리검사는 자신의 흥미, 적성, 가치관 등을 파악하고 이에 기반하여 진로정보를 탐색할 수 있는 방법이다. 대학마다 구체적인 명칭은 다르지만 경력개발센터나 진로취업센터 등을 운영하며 진로 상담 및 심리검사를 제공하고 있으며, 그 외, 지역 청소년 상담 센터, 공공기관의 진로상담 서비스 등을 활용할 수 있다. 대학생의 경우, 교수와의 상담을 통해 자신의 진로 고민이나 관심사를 논의하고, 정보 탐색에 관한 조언을 받을 수 있다. 이는 향후 관심 분야의 연구 프로젝트 참여 등의 기회로 이어질 수도 있다.

4) 직접 체험

시간제 근무, 인턴십, 자원봉사, 직무 체험과 같은 직접적인 일 경험은 직무나 산업에 대한 이해를 높이는 데 효과적이다. 또한 자신이 흥미를 느끼는 분야와 적성을 확인하고, 실제 일을 할 때 필요한 역량과 태도를 탐색할 기회가 된다.

(1) 시간제 근무(아르바이트)

관심 분야에서의 시간제 근무는 경제적인 필요를 채우는 것뿐만 아니라, 진로를 탐색할 수 있는 좋은 기회이다. 현장에서 직무를 직접 수행하며 업무에 필요한 기술과 태도를 익히고, 현실적인 업무 환경과 문화를 체득할 수 있다. 예를 들어, 지역 복지관 활동 보조를 통해 사회복지 직군에서의 업무를 체험한다거나, 행정복지센터 행정 업무 지원을 통해 공공 서비스 분야의 행정 체계를 이해할 수 있다.

(2) 자원봉사 활동

자원봉사 활동을 통해 공동체에 기여하는 것과 동시에, 자신의 관심 분야를 탐색할 수 있다. 예컨대, 교육청에서 모집하는 다양한 멘토링 활동이나 학교의 또래 상담자 활동을 통해 교육 및 상담 직무와 관련한 정보를 탐색할 수 있다. 또는 지역 사회 문화제에서의 봉사활동을 통해 문화예술 산업에서 요구되는 기획과 운영을 경험해 볼 수 있다.

(3) 인턴십

인턴십은 일정 기간 동안 특정 산업이나 직무에서 업무를 경험하며 직업 환경을 체험하고 실무 역량을 기르는 과정이다. 교육적 성격을 포함하며, 관련 기술을 익히고 실무 경험을 쌓고, 경력을 개발할 수 있는 기회이다. 대학생의 경우, 학교 경력 개발 센터나 기업의 공식 채용 공고를 통해 인턴십 기회를 찾아볼 수 있다.

5) 출판 및 연구 자료

도서나 전문잡지, 학술논문, 연구보고서 등을 통해 심층적인 정보를 탐색할 수 있다. 예를 들어, 미래 사회의 변화와 산업 트렌드에 대한 전문가의 저서를 통해 직업세계의 전망을 예측해 볼 수 있다. 또한, 특정 직업군의 동향을 파악하기 위해 관련 전문 서적을 읽거나, 최신 연구 결과를 확인하기 위해 학술논문 데이터베이스에서 논문을 검색할 수 있다. 산업별 연구보고서를 통해 시장 동향과 기술 발전을 파악하거나, 전문잡지를 통해 특정 분야의 최신 사례와 인터뷰를 접할 수도 있다.

3. 진로정보 탐색의 유의점

진로정보를 탐색할 때에는 정보의 신뢰성을 점검해야 한다. 이를 위해서는 한 가지 출처의 정보에 의존하기보다는, 다양한 출처에서 정보를 얻어 교차 검증하는 것이 필요하다. 동일한 직업이나 기업에 대한 평가도 출처에 따라 다를 수 있기 때문에, 여러 출처의 정보를 참고하면 다양한 관점을 파악하고 각 자료마다 가지고 있는 장단점을 보완하는 데 도움이 된다. 예를 들어, 공공기관에서 체계적으로 수집하고 분석한 진로정보를 탐색하고, 여기에 현장 직업인의 경험, 전문가 의견, 온라인 커뮤니티나 SNS 등을 통한 진로정보를 종합적으로 고려함으로써 정보의 현장성과 구체성을 보완할 수 있다.

또한 사회가 빠르게 변하고 있으므로, 정보가 최근의 내용을 반영하고 있는지를 확인하는 것이 중요하다, 이 장에서 소개된 진로정보 온라인 플랫폼과 SNS의 내용은 2024년 12월 시점에 작성된 내용으로, 이후 업데이트되거나 변경될 수 있다.

최근에는 생성형 AI(인공지능)를 활용한 정보의 탐색과 분석도 활발하게 이루어지고 있다. 그러나 현재까지는 생성형 AI가 제공하는 정보가 부정확하거나 허위의 출처를 만들어 내는 경우도 있으므로 정보의 정확성을 확인해야 한다.

09 적용해 보기

1. 직업정보를 탐색하고 비교해 보기

1) 희망하는 혹은 관심 있는 직업 하나를 택하세요.

   떠오르는 특정 직업이 없다면, 고용24의 '내게 맞는 직업 찾기'나 커리어넷의 '테마별, 적성유형별, 조건별, 직업분류별' 검색 기능, 또는 이 두 사이트의 '학과정보'와 연계된 진출 가능 직업정보를 활용하여 탐색해 볼 직업 하나를 선정하세요.

2) '커리어넷'이나 '고용24' 중 하나를 택하여, 관심 직업에 대한 정보를 찾아보고, 주요 내용을 다음의 표와 같이 정리해 보세요(정보원 1).

3) 앞서 활용한 온라인 플랫폼 외, 다른 온·오프라인 자원을 통해 같은 직업에 대한 정보를 찾아서 정리해 보며(정보원 2), 부족한 정보를 보충하거나 교차검증해 보세요.

4) 서로 다른 정보원을 통해 해당 직업에 대해 알게 된 공통적인 내용은 무엇인가요? 서로 다른 내용이 있다면 무엇인가요?

5) 해당 직업에 대해 기존에 알고 있었던 것과 일치하는 내용은 무엇이고, 새롭게 발견하게 된 내용은 무엇인가요?

	정보원 1	정보원 2
하는 일		
교육·훈련·자격		
개인 특성 (흥미, 적성 등)		
업무 환경 (임금, 일-가정 균형 등)		
미래 전망		
기타		

2. 직업인 인터뷰

1) 해당 직업 종사자 인터뷰를 통해 탐색해 보고 싶은 직업을 2~3가지 생각해 보고, 아래 표를 작성해 보세요. 인터뷰 대상은 내가 직접 알거나(가족, 교수, 선배, 이웃, SNS 친구 등), 지인의 지인(친구의 가족, 부모님의 친구, 선생님의 제자 등), 혹은 미디어를 통해 알게 된 직업인 등을 폭넓게 떠올려 보세요.

직업	관심 있는 이유	현재 알고 있는 정보	더 알고 싶은 것	생각나는 인터뷰 대상

2) 표에 작성한 직업 중 직업인 인터뷰를 통해 탐색할 하나를 선택해 봅시다. 어떤 이유로 그 직업을 선택했나요?

3) 표에 작성한 내용을 바탕으로 인터뷰할 대상의 후보를 정리해 보고, 이메일, SNS 메시지 등 적절한 방법을 통해 정중하게 인터뷰 요청을 합니다. 인터뷰 대상을 찾기 어렵다면, 학교 커리어 센터의 도움을 받거나 학과 사무실을 통해 졸업생 선배 중에 찾아볼 수도 있습니다.

> **요청 내용 예시:**
> 안녕하세요, 저는 [대학교/학과/학년] [이름]입니다. 저는 [직업명]에 관심이 있어 진로탐색 중입니다. [매체, 지인 등]을 통하여 [인터뷰 대상자]님을 알게 되어 연락드리게 되었습니다. [인터뷰 대상자] 님의 직업 경험을 면담을 통해 직접 들을 수 있다면 저의 진로탐색에 큰 도움이 될 것입니다. 이달 중 50분 정도 인터뷰 시간을 내주실 수 있을까요? 인터뷰 방법은 제가 직접 찾아뵙거나 화상면담, 전화면담 등 편하신 방법으로 진행하고자 합니다. 감사합니다.

4) 인터뷰 대상자가 요청을 수락하면 감사 인사와 함께 인터뷰 일정, 장소, 방법 등을 조율합니다. 인터뷰 대상자와 관계를 형성하고 대화하면서 후속 질문을 원활히 할 수 있도록, 서면 인터뷰보다는 온오프라인 상에서 실시간으로 대화할 수 있는 방식의 인터뷰를 계획합니다.

5) 인터뷰 질문 목록을 작성해 보세요. 온라인 검색을 통해 구할 수 있는 기본적인 직업정보는 사전에 파악하고, 인터뷰 질문은 해당 직업 종사자의 경험을 바탕으로 한 정보 탐색 위주로 작성합니다. 앞서 직업인 인터뷰(p. 136) 설명에 제시된 질문들을 참고하세요. 대상자가 질문 목록을 미리 받아 보길 원하는지 확인한 후, 필요하면 사전에 질문 목록을 제공합니다.

6) 준비한 질문을 바탕으로 인터뷰를 진행하고, 대화 흐름에 따라 유연하게 추가 질문을 합니다. 인터뷰를 시작할 때 상대에게 양해를 구하고, 인터뷰 내용을 기록합니다. 인터뷰가 끝나면 인터뷰 소감, 인상 깊은 내용 등을 간략히 밝히며 감사 인사를 합니다.

7) 인터뷰 후 감사 이메일을 보냄으로써, 시간을 내어준 인터뷰 대상자에게 감사를 전하고, 네트워킹을 지속할 가능성을 열어 둡니다. 감사 메시지에는 인터뷰에서 얻은 정보가 어떻게 유익했는지 간략히 언급하면 좋습니다.

8) 인터뷰 후, 인터뷰 대상자(이름, 직업, 소속 및 직책), 인터뷰 날짜 및 장소를 포함한 주요 내용들을 정리합니다. 또한 인터뷰를 통해 인상 깊었던 내용과 소감, 향후 계획(추가적인 정보 탐색, 진로 준비 등)을 정리합니다.

진로 계획 및 실행

생애설계와 진로탐색

10 진로의사결정의 이해

개요

이 장에서는 진로의사결정의 개념과 중요성을 소개하고 진로의사결정이 왜 어려운지 알아본다. 진로의사결정을 어렵게 만드는 요인들은 크게 개인 내적 어려움과 개인 외적·맥락적 어려움으로 구분되고, 개인 내적 어려움은 다시 인지적 어려움과 정서적·성격적 어려움으로 나뉜다. 진로의사결정에서 겪는 어려움을 해결하려면, 먼저 그 원인을 정확하게 분석하고, 이에 맞는 대처 방법을 마련하는 것이 중요하다. 이 장의 마지막 부분에서는 진로의사결정을 잘할 수 있는 방법으로 단계적 관점과 과정적 관점을 소개하였다.

1. 진로의사결정이란?

우리는 지금까지 수많은 결정을 내리면서 살아왔다. "지금 일어날까, 아니면 조금 더 잘까?", "오늘 점심을 먹을까? 무엇을 누구와 먹을까?", "이 과제를 언제 시작하고 마무리 지을까?"처럼 어떤 결정은 일상적이고 반복되는 특징을 지닌다. 한편, 우리 삶에는 "어떤 학교에 진학할까?", "무엇을 전공할까?", "어떤 직업을 선택할까?"와 같이 자주 마주하지는 않지만 좀 더 장기적으로 우리 삶에 영향을 주는 결정들이 있다. 이 장에서 우리는 진로와 관련된 결정을 이야기해 보고자 한다.

진로는 직업만을 의미하지 않는다. 진로는 우리가 사회에서 어떠한 역할을 하고 어떻게 살아갈 것인지를 묻는다. 유명한 진로 상담 이론가인 수퍼(Super, 1980)

는 진로를 아동기부터 노인기를 아우른 전 생애 주기 동안 일, 가정, 여가, 봉사 등과 관련하여 개인이 일생동안 수행하는 다양한 역할이라고 이야기한다. 또한 수퍼는 진로의 무대를 학교, 가정, 일터, 시민사회 등으로 폭넓게 보았다. 우리는 그동안 초·중등학교 교육과 각종 훈련을 통해 한 인간으로서 교양과 지식을 갖추고 사회에서 각자의 역할을 수행하고 기여하기 위한 준비를 지속해 왔다. 이러한 준비를 바탕으로 우리는 자신의 특성과 상황을 고려하여 "어떠한" 삶을 살고 싶은지, 또 "어떻게" 사회에 존재하고 기여할 것인지를 고민하고 사회로 발을 내딛는 시기를 맞이하고 있다. 따라서 진로의사결정은 앞으로 내가 어떠한 삶을 살고 싶은가와 사회에서 어떠한 역할을 할 것인가에 대한 답을 만들어 가는 과정이다.

진로의사결정은 한 번으로 끝나는 것이 아니다. 또한 그 책임이 전적으로 우리 자신에게 달렸다고 보기도 어렵다. 현대 사회의 진로는 개인의 의지만큼이나 사회경제적 여건뿐만 아니라 과학기술의 발전과도 밀접한 관련을 맺고 있다. 이제 한국에서도 자발적으로나 비자발적으로 직장 혹은 직업을 여러 번 바꾸는 것은 흔한 일이다. 진로는 우리가 심사숙고하여 내린 결정의 결과인 동시에 예측할 수 없고 미처 알기 어려운 우연과 상황의 축적이다. 따라서 우리가 할 수 있는 결정을 최대한 성공적으로 수행해 내는 것이 중요하다.

2. 진로의사결정이 왜 어려울까?

진로의사결정은 한 번의 결정으로 이루어지지 않는다. 고등학교 계열, 대학 및 학과, 전공을 선택하는 과정을 지나 어떤 일을 할 것인지, 언제 어떤 경험을 어떻게 쌓아 갈지, 어디에 지원을 하고 어떤 직장을 선택할지, 언제, 어디로, 어떤 조건을 고려하여 이직을 할지 등 끊임없는 선택과 결정이 있다. 때로는 이러한 결정이 자연스럽고 수월하게 이루어지기도 하지만, 어렵고 막막하게 느껴질 수도 있다. 많은 학자들이 진로의사결정이 왜 어려운지 분석하는 과정을 통해 진로의사결정 어려움의 원인을 찾고 효과적으로 조력하고자 하였다. 진로미결정을 연구한

Gati와 동료 학자들(2010)은 우리가 진로를 결정할 때 어떤 한 요인이 지배적인 영향을 주기보다는 대체로 여러 가지 특성이 영향을 준다고 보았다. 이 영향 요인에는 개인적 특성도 있을 수 있지만, 사회경제구조적인 요인도 포함될 수 있기 때문에 이를 동시에 고려해야 한다고 주장하였다(Gati, Landman, Davidovitch, Asulin-Peretz, & Gadassi, 2010). 따라서 우리도 진로의사결정이 어려울 때, 원인이 무엇인지 체계적으로 파악하고, 종합적으로 분석하는 것이 필요할 것이다. 이 절에서는 진로결정의 어려움을 야기하는 개인 내적인 원인들을 먼저 탐색하고, 다음으로 사회·환경·구조적 원인을 살펴보도록 한다.

1) 개인 내적 어려움

학자들은 진로결정과정의 어려움을 주는 여러 가지 요인들을 분석하였는데, 크게 인지적 요인과 정서적·성격적 요인으로 나누어서 살펴보고 있다.

(1) 진로결정에서의 인지적 어려움

학자들은 진로결정에서의 어려움을 크게 준비 부족, 정보 부족, 정보의 불일치라는 세 가지로 나누었다(Gati, Krausz, & Osipow, 1996). 이들 세 영역은 각각 구체적인 하위 요인으로 세분화되며, 총 10가지의 진로결정 어려움을 포함하고 있다.

첫 번째 영역인 준비 부족은 개인이 진로결정 과정에 참여하려는 마음가짐이나 준비가 충분하지 않은 상태를 의미한다. 이는 세 가지 요인으로 구성되는데, 첫째는 동기 부족으로, 진로결정을 위한 노력이나 참여 의지가 부족한 경우이다. 둘째는 성격적 우유부단으로, 성격적인 특성이나 습관으로 인해 결정을 내리지 못하고 미루어 두는 상황이다. 셋째는 역기능적 믿음으로, 잘못된 사고방식이나 합리적이지 않은 신념이 진로결정을 방해하는 경우이다.

두 번째 영역인 정보 부족은 진로와 관련된 필요한 정보가 충분하지 않은 상태를 뜻한다. 정보 부족 영역은 네 가지 요인으로 나뉘었다. 첫째는 진로의사결정 단계에 대한 정보 부족으로, 진로결정 과정의 전반적인 구조나 단계에 대한 이해가 부족한 경우이다. 둘째는 자기 자신에 대한 정보 부족으로, 자신의 강점, 약점,

흥미, 가치관 등 개인적인 특성을 제대로 파악하지 못한 상태이다. 셋째는 직업 혹은 대안에 대한 정보 부족으로, 선택 가능한 진로나 직업 옵션에 대해 충분히 알지 못한 경우이다. 넷째는 정보 수집 방법에 대한 정보 부족으로, 필요한 정보를 어디서 어떻게 얻어야 하는지에 대한 방법을 모르는 경우이다.

세 번째 영역인 정보의 불일치는 진로결정을 위해 수집한 정보들 사이에 모순이나 갈등이 발생하는 상황을 의미한다. 이 영역은 세 가지 요인으로 구성되며, 첫째는 신뢰할 수 없는 정보로, 제공된 정보가 정확하지 않거나 믿을 수 없는 경우이다. 둘째는 내적 갈등으로, 개인의 가치관, 목표, 흥미 등이 서로 충돌하여 결정을 내리기 어려운 상태이다. 셋째는 외적 갈등을 포함하는데, 부모, 친구, 교사 등 중요한 타인의 기대나 의견이 자신의 생각과 충돌하는 상황이다.

이러한 분류를 바탕으로 학자들은 진로결정어려움질문지(Career Decision Making Difficulties Questionnaire, CDDQ)를 개발하였다. 이 질문지를 활용하면 개인이 진로결정 과정에서 어떤 유형의 어려움을 겪고 있는지 구체적으로 평가할 수 있다. 현재 이 질문지는 한국을 포함한 여러 나라에서 번역되고 타당화되어 폭넓게 활용되고 있다.

(2) 진로결정에서의 정서적·성격적 어려움

진로결정을 어려워하는 이유는 단순히 인지적인 요인뿐만 아니라 정서적이고 성격적인 요인과도 깊은 관련이 있다는 연구 결과들이 발표되면서, 진로의사결정에 영향을 미치는 정서·성격적 요인에 대한 관심이 증가하였다. 이러한 관심 속에 개발된 질문지가 바로 진로결정어려움 척도(EPCD: Emotional and Personality-Related Career Decision Making, Saka, Gati & Kelly, 2008)이다. 이 척도는 진로결정에 영향을 미치는 정서적·성격적 요인을 세 가지 상위 요인으로 구분하고, 이를 11개의 구체적인 하위 요인으로 세분화하였다.

첫 번째 상위 요인은 비관적 관점이다. 이는 상황의 부정적인 측면에 집중하고, 진로결정 과정에서 실패나 부정적인 결과를 예상하는 경향을 말한다. 이 요인은 직업세계를 지나치게 부정적으로 바라보는 직업세계에 대한 비관적 관점, 자신의 능력을 믿지 못하는 낮은 자기효능감, 진로결정의 결과가 자신의 노력이나 능력

보다는 운이나 외부 요인에 의해 결정된다고 생각하는 낮은 통제감으로 구성된다. 이러한 비관적 태도는 진로결정 과정에서 개인이 적극적으로 참여하지 못하게 하며, 진로 선택에 대한 두려움을 키운다.

두 번째 상위 요인은 불안이다. 불안은 진로결정 과정에서 나타나는 다양한 부정적 감정을 포함한다. 이 요인에는 결정을 내려야 하는 과정 자체가 부담스러운 과정에 대한 불안, 불확실한 미래나 현재 상태에서 오는 불확실성에 대한 불안, 여러 선택지 중 하나를 결정해야 한다는 압박감에서 발생하는 선택에 대한 불안, 그리고 결정 이후의 결과에 대한 걱정에서 비롯되는 결과에 대한 불안을 포함한다. 이러한 불안은 개인의 결정을 주저하게 만들고, 상황을 회피하게 하는 원인이 된다.

마지막 상위 요인은 자아 및 정체감이다. 이는 개인의 자기인식과 정체성이 명확하지 않거나, 자기 자신에 대한 부정적 감정에서 기인한 진로결정 어려움을 말한다. 이 요인은 전반적으로 불안을 자주 느끼는 일반 불안, 자신에 대한 가치와 존중감이 낮아 결정을 주저하는 낮은 자아존중감, 자신의 목표나 정체성이 명확히 형성되지 않아 혼란을 느끼는 미완성된 자아정체감, 그리고 중요한 타인과의 관계에서 갈등이나 분리 문제를 겪는 갈등적 애착과 분리로 구성된다. 이 요인은 개인의 자기 인식과 정체성 확립에 중요한 영향을 미치며, 진로결정 과정에 방해 요인으로 작용할 수 있다.

2) 외적·맥락적 어려움

최근 직업심리학에서는 변화하는 직업 환경과 다양한 삶의 방식을 반영하기 위한 노력이 이어지고 있다. 기존 진로 이론들이 주로 경제적으로 여유가 있고, 교육이나 훈련을 받을 수 있는 자원이 충분하며, 사회나 문화적으로 주류 집단에 속한 사람들을 중심으로 만들어졌다는 한계를 지적받고 있다(Flores, 2013). 이 중 하나는 "풍요로움의 가정"이다. 우리는 진로 및 직업 선택을 할 때 이에 필요한 교육과 훈련, 필요한 자원(시간적, 경제적, 심리적, 관계적 자원)은 누구에게나 열려있고, 충분히 가능하다는 가정을 곧잘 하곤 한다. 그러나 현실에서는 많은 사람들이 진로나 직업을 준비할 때 이러한 자원이 부족한 상황에 놓이는 경우가 많다. 또 다른 가정 중 하나는 "열려 있는 기회구조와 능력주의의 신화"이다. 우리는 개인이 진로나 직업을 선택하고 열심히 준비하기만 하면 기회는 누구에게나 열려있고, 선택한 직업이나 진로를 획득할 수 있다는 가정을 하는 경향이 있다. 그러나 "열심히 노력하면 누구나 원하는 직업을 가질 수 있다"는 믿음은 사회적 불평등과 구조적 장벽 때문에 모든 사람에게 해당되지 않는다. 특히 현대 사회에서는 직업의 안정성과 지속성이 급속도로 위협받고 있어, 기존 이론들이 더 이상 모든 사람에게 적합하지 않다는 비판이 제기되고 있다.

이러한 문제들을 해결하기 위해, 학자들은 다양한 집단의 현실과 경험을 반영할 수 있는 새로운 진로 이론을 개발할 필요성을 강조하고 있다. 그중 하나가 진로 발달 및 선택 과정에서 맥락적 요인을 구체적으로 다루려는 접근이다. 맥락적 요인(contextual factor)은 개인의 진로 발달과 선택 과정에 영향을 미치는 외부 요인들을 포괄적으로 지칭하는 개념으로, 주로 사회적 및 경제적 구조와 관련된 요소들이 포함된다(Heppner & Jung, 2013). 구체적인 예로는 가족과 주변 사람들의 지지와 개입, 상호의존적 관계, 훈련과 교육 기회의 제공 여부 및 비용, 지역적·국가적·국제적 경제 상황의 변화, 인공지능과 같은 첨단 기술 발전으로 인한 직업 세계의 변동, 노동 시장의 유연화 정책 등이 있다. 또한, 여성이나 장애인 등 사회적 약자가 겪는 편견과 진로 장벽 같은 사회적 요인들도 중요한 맥락적 요인으로 지목된다. 이러한 요인들은 우리 사회 구성원 모두의 직업 경험 전반에 깊이 영향을 미치고 있다.

우리의 삶은 이미 다양한 맥락적 요인들의 영향을 받고 있으며, 이는 진로 의사결정 과정에도 중요한 역할을 한다. 진로를 고민할 때, 자신이 처한 상황과 환경적 요인을 구체적으로 파악하고, 적성이나 흥미, 가치 등 개인 내적·심리적 요인과 균형을 맞춰 고려하는 노력이 필요하다. 그렇다면 맥락적 요인을 고려하는 것은 왜 중요할까? 만약 개인이 이러한 요인을 무시하거나 간과한다면, 자신의 노력이나 능력이 부족하다고 자책하거나, 외부 환경의 압도적인 영향에 좌절하여 진로 선택을 미리 포기할 가능성이 높아진다. 따라서 진로 선택 과정에서는 자신의 환경적 요인이 미치는 영향을 적극적으로 살펴보는 것이 필수적이다. 특히, 진로에 긍정적인 영향을 미칠 수 있는 요인들을 찾아 이를 활용하려는 태도가 필요하다. 예를 들어, 가족이나 주변 사람들의 지지, 학업 및 훈련 기회, 지역적·사회적 자원을 탐색하고 활용하는 것이 도움이 될 수 있다.

다만, 맥락적 요인은 개인의 통제 범위를 벗어나는 경우가 많기 때문에, 이에 지나치게 집중할 경우 무력감이나 좌절감을 느낄 수 있다. 따라서 이러한 환경적 영향을 인식하는 동시에 자신이 성장할 수 있는 방안을 찾는 균형 잡힌 접근이 중요하다. 예를 들어, 긍정적인 자아 개념을 형성하고 자아존중감을 유지하면서 자신의 흥미와 능력을 개발해 나가는 것이 필요하다. 또한, 변화하는 사회에서 요구되는 기술이나 태도에 대해 열린 마음을 가지거나, 위기와 변화로 인한 스트레스 상황에 효과적으로 대처할 수 있는 정서적·인지적 전략을 배우는 것도 큰 도움이 된다. 이처럼 진로를 선택하고 준비하는 과정에서는 외부 요인과 내적 요인을 모두 고려하며 균형 있게 접근하는 자세가 필요하다.

3. 진로의사결정 방법

진로의사결정을 어떻게 잘할 수 있을까? 진로의사결정을 단계적으로 살펴본 DECIDES 모형과 과정적으로 살펴본 인지적 정보처리이론을 배우면서 진로의사결정을 잘하는 방법을 배워 보자.

1) 단계적 관점: DECIDES 모형

크럼볼츠(Krumboltz)와 해이멜(Hamel)이 제안한 DECIDES 모형은 진로의사결정을 체계적이고 논리적으로 수행할 수 있도록 돕는 7단계 접근법이다(Krumboltz와 Hamel, 1977). 이 모형의 이름은 각 단계의 첫 글자를 따서 만든 것으로, 결정하다를 의미하는 영어 동사 DECIDE를 닮았다. 각 단계를 살펴보면 다음과 같다.

첫 번째 단계는 문제 정의(Define the problem: D)이다. 이 단계는 진로의사결정을 위해 필요한 문제를 구체적으로 파악하는 것이다. 내가 집중해서 해결해야 할 문제를 정확히 진술한다. 예를 들어, "나는 내 진로를 선택해야 하지만 어디서부터 시작해야 할지 모르겠다"처럼, 자신이 겪고 있는 상황을 구체적으로 정의한다. 두 번째 단계는 행동 계획 수립(Establish an action plan: E)이다. 이 단계는 문제를 해결하기 위해 실질적이고 실행가능한 계획을 세우는 과정이다. 예를 들어 심리검사를 통해 자신의 흥미와 강점을 파악하거나 직업정보를 조사하는 행동 계획을 포함한다. 세 번째 단계는 가치 명확화(Clarify values: C)이다. 자신의 삶에서 중요하게 여기는 가치와 우선순위를 확인하는 단계이다. 예를 들어, "안정적인 직업보다는 창의성을 발휘할 수 있는 일을 더 선호한다"처럼 자신의 가치관을 확인하고 그 중요성을 서열화하는 것이다. 네 번째 단계는 대안 식별(Identify alternatives: I)이다. 이 단계는 문제를 해결할 수 있는 모든 가능한 대안을 나열하는 것이다. 예를 들어, 심리검사 결과와 가치관의 우선순위를 고려하여 디자이너, 교육자, 작가와 같은 직업을 선택지로 작성할 수 있다. 다섯 번째 단계는 가능한 결과 탐색(Discover probable outcomes: D)이다. 이 단계에서는 각 대안의 잠재적인 결과와 그 결과의 가능성과 의미를 분석한다. 예를 들어, 디자이너로 일하면 창의성을 발휘할 수 있지만 업무 강도나 근무 여건에서 만족스럽지 못할 수 있다는 점을 평가하는 것이다. 여섯 번째 단계는 체계적 대안 제거(Eliminate alternatives systematically: E)이다. 이 단계는 자신의 목표와 가치에 부합하지 않는 대안을 제외하면서 선택지를 좁히는 과정이다. 마지막 단계는 행동 시작(Start action: S)이다. 이전 단계를 거치면서 최종적으로 선택한 대안을 실행에 옮기는 단계이다. 예를 들어, 디자인 관련 수업을 듣거나 디자이너로 현재 일하고 있는 사람을 만나 일에 대해 들어보는 등, 관련 경험을 쌓는 것을 포함한다.

　　DECIDES 모형은 진로의사결정을 단계적이고 합리적으로 수행하도록 고안된 모형이다. 특히, 이 모형은 가치 지향적인 진로의사결정을 선호하는 사람에게 큰 도움이 될 수 있다.

2) 과정적 관점: 인지적 정보처리이론

인지적 정보처리이론(Peterson, Sampson, Lenz, & Reardon, 2002)은 이상적인 진로의사결정이 이루어지는 과정에 관심을 가지는 이론이다. 인지적 정보처리이론은 진로의사결정을 효율적이고 성공적으로 수행하기 위해서 필요한 정보와 기술뿐만 아니라 처리 과정에도 초점을 두는 이론이다. 인지적 정보처리이론은 진로의사결정을 하기 위해 자기 자신과 직업세계에 대한 이해도 필요하지만, 정보처리와 의사결정방식 등 진로의사결정 그 자체에 관한 지식과 기술이 필요하다고 주장한다. 정보처리능력이 향상되었을 때 진로문제해결능력도 증진된다고 보는 것이다.

이론가들은 인지적 정보처리 이론을 설명하기 위해 정보처리의 피라미드 모형 (그림 10-1)을 제안하였다. 구체적으로 살펴보면, 피라미드 모형은 인지적 정보처리의 기본 요소를 세 가지로 제시하고 있다. 피라미드 하단에는 자기와 직업에 관한 지식 영역이 위치하고 있다. 피라미드의 중간에는 하단의 자기 지식과 직업지식을 이용하여 의사결정을 내리는 구체적인 과정이자 기술인 의사결정기술 영역이 자리 잡고 있다. 피라미드 최상단에는 이 모든 과정을 관찰, 점검, 수정하는 초인지가 실천 과정 영역으로서 제시되었다.

이제 각각의 영역들은 자세히 살펴보자. 지식 영역은 진로의사결정의 기본이

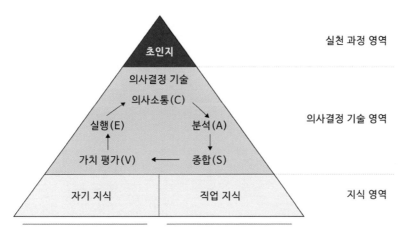

[그림 10-1] 진로의사결정과정에서의 정보처리 피라미드 모형

되는 영역으로, 우리가 흥미, 적성, 능력, 취미나 선호하는 여가 활동 등 자기 자신에 관해 충분히 알고 있어야 하며(자기 지식), 다양한 분야의 직업세계에 대하여 충분한 정보를 가져야 한다는 것을 보여 준다(직업 지식). 가운데 위치한 의사결정기술 영역은 우리가 지식 영역에서 습득된 자신과 직업에 대한 정보를 실질적으로 처리할 수 있는 능력을 구체적으로 소개하고 있다. 인지적 정보처리이론에서는 이러한 의사결정기술을 포괄적 정보처리기술이라고 명명하였으며, 이를 순환하는 다섯 가지 기술(CASVE)로 구성하였다. 의사소통(C: communication)은 진로 선택의 필요성을 인식하고 이를 명확히 이해하는 과정이다. 분석(A: analysis)은 자기 자신과 선택 가능한 대안을 탐색하며, 관련 정보를 수집하고 검토하는 과정이다. 종합(S: synthesis)은 수집된 정보를 정교화하고 통합하여 가능한 많은 대안을 만들어 내는 과정이다. 가치 평가(V: valuing)은 최선의 선택을 위해 대안들을 여러 가지 기준에 따라 고려하고 평가하는 과정이다. 실행(E: execution)은 선택지를 실행하기 위한 구체적인 계획과 전략을 시도하며, 선택지가 자신에게 적합한지 확인하는 과정이다. 이 다섯 가지 기술은 순환하는 과정으로 표현되었으며, 실행 이후 다시 새로운 주기가 시작되거나 부분적인 재순환의 가능성을 포함하고 있다. 마지막으로 상단에 위치한 실천 과정 영역은 우리가 전반적인 의사결정과정을 스스로 확인하고 점검하는 초인지 능력의 중요성을 강조한다. 자기와 직업세계에 대한 지식, 포괄적 정보처리 기술의 전 과정을 전반적으로 검토하고 종합하면서 의사결정이 실질적으로 수행된다는 것을 보여 주는 영역이다.

10 적용해 보기

1. 인지적 정보처리이론을 활용한 진로의사결정 활동

1) 먼저 개인 활동으로 인지적 정보처리이론에서 제시한 의사결정 모델(예: CASVE 사이클 – 의사소통, 분석, 종합, 평가, 실행)을 적용하여 문제를 해결해 봅시다.

1단계: 의사소통(Communication)

현재 자신의 진로 문제나 결정해야 할 사항을 명확하게 서술해 봅시다.

Q1. 현재 해결해야 할 진로 관련 문제는 무엇인가요?

2단계: 분석(Analysis)

1단계에서 서술한 진로 관련 문제를 해결하기 위한 정보를 탐색해 봅시다.

Q2. 현재 진로문제를 해결하기 위해 어떤 정보가 필요합니까?

Q3. 진로 문제와 관련하여 자신의 강점과 약점을 각각 2가지씩 적어 보세요.

강점:

약점:

3단계: 종합(Synthesis)

해결 방법으로 가능한 대안을 생각해 보고 구체적으로 적어 보세요.

Q4. 선택할 수 있는 3가지 대안을 작성하세요.

1)

2)

3)

4단계: 평가(Valuing)

3단계에서 작성한 대안을 비교하고, 우선순위를 정하세요.

Q5. 위 3가지 대안의 장단점을 각각 1가지씩 적어 보세요.

1) 장점: 단점:

2) 장점: 단점:

3) 장점: 단점:

Q6. 가장 우선순위가 높은 대안을 선택하고, 그 이유를 적어 보세요.

선택한 대안:

이유:

5단계: 실행 (Execution)

선택한 대안을 실천에 옮기기 위한 실행 계획을 수립하세요.

Q7. 선택한 대안을 수행하기 위해 앞으로 한 달 동안 무엇을 해야할까요? 구체적으로 적어 보세요.

Q8. 앞으로 6개월 동안 선택한 대안을 실천에 옮기기 위한 구체적인 실행 계획을 적어 보세요.

2) 개인 활동으로 작성한 내용을 바탕으로 조별로 모여서 토의를 진행해 보세요. 조원들이 각자 자신의 선택과 계획을 발표한 후, 서로 피드백을 나눠 보세요.

토의 질문:

1. CASVE 사이클의 각 단계를 진행하면서 가장 어렵다고 느낀 단계는 무엇이었나요? 왜 그렇게 느꼈나요?

2. 의사결정 과정을 통해 새롭게 깨달은 점이나 배우게 된 점이 있다면 무엇인가요?

3. 다른 학생들이 선택한 대안과 자신의 대안은 어떻게 다르며, 그 이유는 무엇일까요?

4. 다른 학생들의 대안을 듣고, 자신이 고려하지 못한 부분이나 추가하고 싶은 요소가 있다면 무엇인가요?

5. 당신이 선택한 대안의 실행 가능성을 어떻게 평가하나요? 만약 실행이 어렵다면, 어떤 점을 수정해야 할까요?

6. 현재 선택한 대안이 당신의 가치관, 강점, 약점에 얼마나 잘 부합한다고 생각하나요?

7. 다른 학생들의 발표를 통해 얻은 통찰이나 배운 점이 있다면 무엇인가요?

2. 진로의사결정에 어려움을 미치는 정서적/성격적 요인을 확인하기

1) 먼저 개인 활동으로 진로의사결정 어려움 관련 정서 및 성격 검사를 실시해 보세요.

다음 진로의사결정 어려움 검사[1] 문항을 읽고 자신의 생각이나 상황에 해당하는 정도를 체크하세요.

	문항	전혀 그렇지 않다	별로 그렇지 않다	보통 이다	대체로 그렇다	매우 그렇다
1	올바른 진로를 택하는 것은 주로 운에 달려 있다.	①	②	③	④	⑤
2	좋은 직업을 발견하는 것은 주로 우연히 일어나는 일이다.	①	②	③	④	⑤
3	나는 올바른 선택을 할 만큼 모든 직업에 대해 충분히 알아낼 수가 없다.	①	②	③	④	⑤
4	나는 직업을 선택할 때, 관련된 사항들을 모두 고려할 수가 없다.	①	②	③	④	⑤
5	대부분의 사람들은 자신의 직업을 좋아하지 않는다.	①	②	③	④	⑤
6	대부분의 분야에서 직업을 구하기가 매우 어렵다.	①	②	③	④	⑤
7	흥미로운 직업이 거의 없다.	①	②	③	④	⑤
8	지금 내가 공부하고 있는 것은 실제로 내가 하고 있는 일과 거의 관련이 없다.	①	②	③	④	⑤
9	나는 진로결정에서 실수를 저질러서 나에게 맞는 진로를 선택하지 못할까 봐 두렵다.	①	②	③	④	⑤
10	나는 한 가지 직업에 전념하는 것이 두려운데, 왜냐하면 나중에 이 선택을 후회하고 이러한 실수에 대해 책임을 느낄지 모르기 때문이다.	①	②	③	④	⑤

---

1) 김민선, 연규진(2014). 진로결정의 어려움 관련 정서 및 성격 척도의 한국 축소판 개발 및 타당화 연구. 진로교육연구, 27(3), 65-94.을 활용하였으며, 개발된 척도는 9점 척도를 사용하였으나 여기에서는 편의를 위해 5점 척도로 바꾸었음.

11	나는 이미 특정 직업을 고려하고 있지만, 내 성격에 맞지 않을까 봐 두렵다.	①	②	③	④	⑤
12	나는 이미 특정 직업을 고려하고 있지만, 내 선호에 맞지 않을까 봐 두렵다.	①	②	③	④	⑤
13	직업을 선택하는 것은 명쾌한 답이 있는 결정이 아니기 때문에 예상할 수 없는 일들이 일어날까 걱정이 된다.	①	②	③	④	⑤
14	전공이나 직업을 선택하면 내 삶에 많은 변화가 생길 수 있기 때문에, 전공이나 직업을 선택하는 것에 대해 걱정이 된다.	①	②	③	④	⑤
15	나는 관련된 요인들을 모두 고려했다고 확신하고 싶기 때문에, 결정을 내리는 과정이 걱정된다.	①	②	③	④	⑤
16	나는 관련된 정보들을 모두 수집했다고 확신하고 싶기 때문에, 결정을 내리는 과정이 걱정된다.	①	②	③	④	⑤
17	나는 아직까지 무엇을 공부해야 할지 또는 어떤 종류의 직업을 가질지 모르기 때문에 걱정이 된다.	①	②	③	④	⑤
18	나는 앞으로 무엇을 해야 할지 아직까지 모르기 때문에 걱정이 된다(예: 대학을 졸업한 후).	①	②	③	④	⑤
19	나는 아직까지 내 가치가 무엇이고 무엇을 믿는지 모른다.	①	②	③	④	⑤
20	어떤 직업이 나에게 최선인지를 알 만큼 나 자신을 충분히 이해하고 있지 못하다.	①	②	③	④	⑤
21	나는 종종 걱정거리나 혼란스럽게 하는 생각에서 벗어나는 것이 힘들다고 느낀다.	①	②	③	④	⑤
22	나는 내가 한 일들에 대해서 자주 후회하거나 스트레스를 받는다.	①	②	③	④	⑤
23	나는 종종 성공하지 못했다고 느낀다.	①	②	③	④	⑤
24	나는 종종 다른 사람들보다 못하다고 느낀다.	①	②	③	④	⑤
25	내가 내린 결정에 대해 다른 사람들이 어떻게 생각하느냐가 나에겐 중요하다.	①	②	③	④	⑤
26	나는 내 선택에 대해 내 인생에서 중요한 사람들로부터 인정받아야 한다.	①	②	③	④	⑤
27	내 인생에서 중요한 사람들은 종종 내가 관심 있는 것들에 대해서 못마땅해 한다.	①	②	③	④	⑤
28	내 가족들은 나를 제한하거나 좌절시키는 방식으로 내 일을 방해하는 경향이 있다.	①	②	③	④	⑤

2) 채점 및 검사 결과 검토하기

• 영역별 채점표를 이용하여 응답한 문항별 점수를 문항 번호 하단에 기재하고 영역별 응답 점수를 평균을 내어 확인하세요. 영역별 점수를 기준으로 높은 순위를 확인하세요.

• 하위 요인별 채점표를 이용하여 응답한 문항별 점수를 문항 번호 하단에 기재하고 하위 요인별 응답 점수를 평균을 내어 확인하세요. 하위 요인별 점수를 비교하여 어떤 하위 요인에서 어려움을 경험하고 있는지 확인하세요.

(1) 영역별 채점표

영역	문항별 점수										평균 (문항합산÷ 문항수) 점수
비관적 관점	1	2	3	4	5	6	7	8			8문항
불안	9	10	11	12	13	14	15	16	17	18	10문항
자기개념과 정체감	19	20	21	22	23	24	25	26	27	28	10문항

(2) 하위 요인별 채점표

번호	하위 요인	문항 번호		평균 (문항합산÷2) 점수
1	개인 통제	1	2	2 문항
2	진로 과정	3	4	2 문항

3	일의 세계	5	6	2 문항
4	자신의 진로	7	8	2 문항
5	선택 불안	9	10	2 문항
6	결과 불안	11	12	2 문항
7	미래 불확실성	13	14	2 문항
8	과정 불안	15	16	2 문항
9	자기 선호 불확실성	17	18	2 문항
10	미분화된 정체성	19	20	2 문항
11	특성불안	21	22	2 문항
12	자아존중감	23	24	2 문항
13	인정 추구	25	26	2 문항
14	관계 갈등	27	28	2 문항

3) 조별 토론 진행

어려움을 많이 겪는 영역과 하위 요인을 확인하고 자신의 상황과 고민을 나눠 보세요.

흔히 겪는 불안과 비관적인 생각, 나 자신에 대한 고민이 진로의사결정과정에 어떤 영향을 주는지, 어떻게 해결할 수 있을지, 나에게 도움이 되었던 방법은 무엇인지에 대해 서로의 생각과 경험을 나누고 토론해 보세요.

11 진로 목표 설정 및 계획

이 장에서는 단기 · 장기적으로 진로 목표를 설정하고, 이를 기반으로 구체적인 진로 계획을 어떻게 세울 수 있을지 살펴보고자 한다. 먼저 진로 목표 설정의 중요성을 이해하고, 효과적인 진로 목표와 계획을 설정하기 위해 어떠한 요소를 탐색해야 하는지 점검해 보자. 나아가 진로 계획을 수립할 때, 앞으로의 목표 달성 과정에서 경험하게 될 진로장벽과 진로지지 요인을 함께 고려해야 할 필요성을 이해하고, 그 밖의 고려해야 할 사항도 점검해 보자.

1. 진로 목표 설정의 중요성

진로 목표란 진로와 관련하여 어떠한 목적을 이루려고 지향하는 대상을 의미한다. 즉, 진로 목표는 진로와 관련하여 반드시 달성하고 싶은 목적지를 의미하는 것으로, 앞으로 내가 어떠한 삶을 살고 싶은지와 밀접한 관련이 있다. 따라서 진로 목표를 설정하는 것은 내가 어떠한 곳에 도달하기 위해 무엇을 해야 하는지에 대한 방향성을 마련하는 데 중요한 역할을 한다. 도달해야 할 목적지가 명확한 사람은 지금 그리고 앞으로 어떠한 방향으로 움직이고 무엇을 준비해야 하는지를 더욱 분명하게 알 수 있다. 또한 달성해야 할 목표가 분명해지면, 이를 향해 나아갈 수 있는 동기 역시 더욱 강화될 수 있다. 나아가 이루고자 하는 목적과 그 과정이 명확해지면 현재 수행하고 있는 것들이 적절한 방향으로 진행되고 있는지도 점검할 수 있게 된다. 궁극적으로, 진로와 관련하여 내가 추구하고자 하는 궁극적인 목표를 명확히 한다는 것은 실제 그 목표를 더욱 효과적으로 달성하는 데 중요한 영향을 미칠 수 있다.

2. 목표 설정과 계획 수립

1) 장기 목표와 단기 목표

진로 목표를 설정할 때, 장기 목표와 단기 목표를 각각 설정하는 것이 유용할 수 있다. 장기 목표는 진로와 관련하여 먼 미래에 궁극적으로 달성하고자 하는 목표를 의미하며, 단기 목표는 이러한 장기 목표를 달성하기 위해서 단기간(예를 들어 올해 혹은 5~10년 이내)에 달성하고자 하는 목표를 뜻한다.

먼저, 진로 장기 목표를 설정하기 위해서는 자신이 추구하는 가치와 욕구를 이해하는 것이 필요하다. "내 삶에서 가장 중요한 것이 무엇인가?", 그리고 "나는 어떠한 사람으로 살고 싶은가?"와 같은 질문을 스스로에게 던질 수 있다. 내가 삶에서 궁극적으로 추구하고자 하는 중요한 것이 무엇인지에 대한 대답은 아마도 내가 진정으로 원하는 것과 밀접하게 관련되어 있을 것이다. 이처럼 내가 무엇을 진정으로 원하는지 아는 것은 나에게 필요한 행동을 선택하고, 그 방향으로 행동하면서 살아가는 데 있어 매우 중요한 역할을 한다.

이처럼 자신에게 중요한 것과 자신이 원하는 것이 구체화 된 모습이 바로 진로 장기 목표라고 볼 수 있다. 내 삶에서 중요한 것이 이루어지면 그것이 어떠한 모습으로 실현이 될 것이라고 생각하는가? 어떠한 것을 이루게 되면, 내 삶에서 원하는 것을 달성했다고 말할 수 있을까? 이 질문에 대한 대답이 여러분의 진로 장기 목표가 될 수 있을 것이다.

이렇게 장기 목표를 설정했다면, 이를 달성하기 위한 여러 개의 단기 목표를 설정할 수 있다. 단기 목표는 시간이 더 제한적이기 때문에, 동기를 유지하고 실행 과정을 점검하는 데 직접적인 도움이 될 수 있다. 또한 단기 목표를 중심으로 진로 계획을 수립할 수 있기 때문에, '지금 혹은 이번 주에 내가 무엇을 해야 하는지'와 같은 현실적인 행동 계획에 명확한 방향성을 제시할 수 있다.

단기 목표를 설정하기 위해서는 먼저 장기 목표 달성에 어떠한 단계의 과정이 필요한지를 탐색해야 한다. 장기 목표는 궁극적으로 도달하고자 하는 도착지이기 때문에, 이를 달성하려면 여러 단계의 결과들이 축적되어야 한다. 장기 목표를 달성하기 위해서 필요한 중간 단계들을 구분하고, 각 단계에서 이루고자 하는 결과가 무엇인지 생각해 보자. 예를 들어, 25년 이후의 장기 목표가 '인간의 생명을 다루는 연구 분야에서 세계적으로 선도적인 역할을 하면서, 후속 연구를 촉진하는 역할을 수행하는 것'이라면 이를 위한 단기 목표로는 5년 이내 생명과학 분야 박사학위를 취득하는 것, 10년 이내 연구비 지원을 확보하여 독자적인 연구실을 설립하는 것, 15년 이내 국제 공동연구 프로젝트를 주도하고 학문 단체의 임원이 되는 것 등의 과정이 단기 목표가 될 수 있다.

나의 인생에서 장기 목표를 생각해 보고, 그에 따른 각 단계의 단기 목표를 이 장의 후반부 적용해 보기 1에서 작성해 보자.

2) SMART 원칙

목표의 중요성을 강조하는 학자들은 효과적인 목표를 설정하는 것이 개인의 동기를 유지시키고 실행 계획을 실천하는 데 도움이 됨을 제언한다. 효과적인 목표 설정을 위한 다양한 방법과 전략들이 제시되고 있지만, 그 중 SMART 원칙은 가장 대중적으로 참고되는 원칙 중 하나이다. SMART 원칙은 보다 효과적인 목표를 설정할 때 고려해야 할 점을 안내해 준다. 아래 제시된 원칙의 구체적인 내용을 참고하여 자신의 진로 목표가 적절하게 설정되었는지 점검해 보자.

1. Specific: 목표는 명확하고 구체적으로 설정되어야 한다. 목표가 구체적일수록 무엇을 해야 하는지에 대한 방향성도 더욱 명확해질 수 있다.
2. Measurable: 목표는 측정 가능하도록 설정되어야 한다. 측정 가능한 목표는 목표를 향해 나아가고 있는지, 목표 달성 정도를 확인하고 점검할 수 있게 도와준다.
3. Achievable: 목표는 현실적으로 성취 가능해야 한다. 지나치게 높거나 비현실적인 목표는 동기를 저하시키고 좌절감을 유발할 수 있다.
4. Relevant: 목표는 개인의 가치관과 관련되어야 한다. 가치관과 연결된 목표는 어려움에도 불구하고 동기를 유지할 수 있는 힘을 제공한다.
5. Time-bound: 목표 달성에 필요한 시간은 제한적이어야 한다. 목표 달성에 대한 시간 제한은 집중력을 높이고, 그에 따른 구체적인 단기 목표 설정을 가능하도록 돕는다.

3) 진로 계획

진로와 관련하여 장기 목표와 단기 목표를 수립했다면, 다음 단계는 목표를 달성하기 위해서 구체적으로 무엇을 해야 할지에 대한 실행 계획을 세우는 것이다. 계획을 세울 때는 구체적으로 '무엇을, 언제, 어떻게' 할 것인지에 대해 생각해야 한다. 뿐만 아니라, 설정한 계획이 실제 목표 달성에 효율적인지 점검하는 과정도 필요하다.

적절한 진로 계획을 수립하기 위해서는 앞에서 안내한 바와 같이 계획을 통해서 추구하고자 하는 장기 목표와 단기 목표가 설정되어 있어야 한다. 목적지가 부재한 계획은 실패나 어려움을 경험할 때, '그럼에도 불구하고' 지속적으로 나아가도록 하기 어렵다. 따라서 진로 계획은 무엇보다 진로 목표와 유기적으로 연결되어야 한다. 또한 이 과정에서 관심 진로와 관련된 실질적이고 정확한 진로정보를 탐색해야 한다. 원하는 것을 달성하기 위해 필요한 준비와 수행에 대한 정보가 없다면 진로 계획을 구체적으로 설정하기 어렵다. 이 책의 9장을 고려하여 나에게 필요한 진로정보의 내용을 확인하고, 다양한 방법으로 진로정보를 수집하자. 또한 이 과정에서 자신과 자신이 속한 환경적 상황에 대한 이해도 필요하다. 예를 들어, '내가 무엇을 어느 수준까지 수행할 수 있는지'와 같은 자신의 특성 이해와 '어느 정도의 시간과 자원을 활용할 수 있는지'와 같은 환경적 특성을 고려하여 진로 계획을 수립해야 한다.

진로 계획 역시 목표 설정에서 소개한 SMART 원칙을 적용하여 수립할 수 있다. 계획은 구체적이고, 측정 가능하며, 성취 가능한 수준으로 설정되어야 한다. 또한 "~ 하지 않기"와 같이 행위를 금지하는 계획보다는 "~ 하기"와 같이 행위를 촉진하는 계획일 때, 성공 가능성을 높이고 방향성을 더욱 명료화할 수 있다. 하나의 목표 달성을 위해서도 수많은 진로 계획을 수립할 수 있으므로, 자신이 세운 진로 계획이 목표 달성에 '필요한지'와 '적절한지' 여부 역시 중요하게 점검해 보아야 한다.

나의 장단기 목표 달성에 필요한 구체적인 계획을 이 장의 후반부 적용해 보기 2에서 작성해 보자.

3. 진로장벽과 진로지지

진로 목표를 설정하고 이에 따른 계획을 수립할 때, 진로장벽과 진로지지의 내용을 함께 고려할 필요가 있다. 목표 달성을 위한 선택과 수행 과정에서 경험할 것으로 예상되는 어려움이 있다면 그것은 진로 계획에 반영되어야 한다. 또한 이러한 어려움을 극복하거나 수행하는 과정에서 필요한 자원과 도움이 있다면 그 역시 진로 계획의 구체적인 내용에 고려될 필요가 있다. 진로장벽과 진로지지의 개념을 이해하고, 진로 목표와 계획수립에 영향을 줄 수 있는 내용들을 점검해 보자.

1) 진로장벽과 대처

진로장벽이란 개인의 진로 발달에 제약을 줄 수 있는 외적 요인과 내적 요인을 의미하는 개념이다(Swanson & Wooitke, 1997). 이는 개인이 진로와 관련해 흥미를 느끼더라도, 실제로 그것을 선택하거나 관련된 활동을 수행하는 것을 방해하는 다양한 요인들을 포함한다. 개인의 흥미와 진로 선택을 설명하고자 하는 사회인지진로이론(Social Cognitive Career Theory)에서는 진로장벽을 맥락적 요인으로 제언하며, 개인이 지각하는 진로장벽은 흥미가 목표에 미치는 과정과 목표가 수행에 미치는 과정에 영향을 줄 수 있다고 설명한다. 즉 개인이 진로장벽을 많이 지각할수록, 흥미가 있어도 그것을 목표로 설정하지 못하게 되거나, 목표를 설정했더라도 실제로 수행하는 데 어려움을 겪게 될 가능성이 커진다는 것이다. 따라서 우리가 진로 목표를 설정하고 그에 따른 계획을 수립하며, 이를 수행하는 과정에서 어떠한 진로장벽이 존재하는지 탐색하고 이를 고려하는 것이 필요하다.

진로장벽의 내용은 개인의 내적 특성이나 환경적 요인에 따라 매우 다양할 수 있다. 그러나 진로장벽에 관심을 가진 연구자들은 유사한 환경과 발달 단계에 있는 집단의 특성에 따라 공통된 진로장벽 주제들을 고려해 볼 수 있음을 제언한다. 이러한 주장은 각 집단의 특성에 근거해 개발된 다양한 진로장벽 척도의 문항의 차이에서 지지될 수 있다. 이러한 배경에 따라 우리나라에서는 남녀 청소년과 대학생뿐 아니라 탈북 여성, 장애 대학생, 고령자, 다문화 청소년, 경력 단절 여성 등의 다양한 문화적 배경과 발달 단계, 혹은 초심 상담자, 경호학 전공 대학생 등 특정한 전공이나 직업군을 대상으로 한 진로장벽 척도가 개발되어 왔다.

이 중에서 이 책의 주요 독자인 대학생을 대상으로 개발된 진로장벽(취업장벽) 척도들의 하위 요인을 살펴보자. 대학생 대상 진로장벽을 측정하는 연구 중 가장 많이 활용되고 있는 척도는 김은영(2002)이 개발한 한국 대학생 진로탐색장애검사(KCBI)이다. 해당 척도에서는 우리나라 대학생들을 대상으로 다음과 같은 요인들이 대표적인 진로장벽이 될 수 있음을 제언하고 있다.

---

1. 대인관계 어려움: 진로와 관련된 대인관계에서 긴장과 어려움이 예상되는 것
2. 자기 명확성 부족: 우유부단하고 결정을 내리는 것이 어려운 성격, 자기 주장이 부족한 특성, 필요한 기술을 습득하는 능력 등의 내적 특성
3. 경제적 어려움: 진로 목표 달성 및 선택과 관련한 경제적 지원 부족, 경제적 문제의 해결을 최우선으로 해야 하는 상황 등의 어려움
4. 중요한 타인과의 갈등: 부모님을 비롯한 중요한 사람들의 반대나 간섭, 기대 등으로 인한 진로결정 어려움
5. 직업정보 부족: 정보를 얻는 방법, 정보의 획득 수준, 정보 접근의 어려움 등
6. 나이 문제: 나이로 인한 진로결정의 압박감과 뒤쳐질 것에 대한 걱정 등
7. 신체적 열등감: 신체적 열등감, 건강, 조건 등이 직업 선택과 계획에 영향을 줌
8. 흥미 부족: 직업과 관련한 흥미의 부족과 선택한 직업에서의 흥미 감소에 대한 불안 등
9. 미래 불안: 사회 경제적 환경, 사회 변화에 대한 불안, 직업 선택과 취업에 대한 불안 등

이외에도 가장 최근에는 우정민 등(2024)이 현재 대학생들이 경험하고 있는 진로 관련 어려움에 대한 설문을 기반으로 하여 새로운 진로장벽 문항들을 개발하기도 하였다(부록 참조). 해당 연구에서는 "빠르게 변화하는 진로와 관련된 정보에 대한 어려움"을 나타내는 '정보 변화', "경쟁, 사회 비교 등으로 인한 심리적 압박"을 나타내는 '심리적 불안', "진로 활동 중 겪을 수 있는 실패나 좌절로 인한 심리적 어려움과 자신감 하락"을 나타내는 '실패에 대한 두려움', "진로 과정 중 겪을 수 있는 대인관계와 관련된 어려움"을 나타내는 '사회적 관계'의 요인을 포함한다.

이와 같은 진로장벽 척도 요인과 문항들을 통해 우리나라 대학생들이 경험할 수 있는 진로결정 및 수행 과정에서의 어려움을 이해할 수 있다. 또한 구체적인 문항에 대한 응답을 통해 각 요인과 관련하여 지각하는 진로장벽의 수준 정도를 파악할 수 있다. 앞서 언급했듯이, 개인의 내적 및 외적 특성에 따라 진로장벽을 지각하는 방식과 수준은 다를 수 있다. 따라서 척도를 통해 개발된 요인뿐 아니라 언급되지 않은 다양한 차원에서 내가 지각하는 진로장벽에 어떠한 내용이 포함되는지, 현재 경험하는 혹은 앞으로 예상되는 어려움의 수준이 어느 정도인지 생각해 보는 과정이 필요하다.

이처럼 자신이 지각하는 진로장벽의 내용과 수준을 파악한 후에는 이러한 진로장벽에 어떻게 대처할 수 있는지가 반드시 고려되어야 한다. 먼저, 내가 예상하는 진로장벽에서 대처할 수 있는 것과 대처할 수 없는 것을 구분해야 한다. 대처할 수 있는 진로 장벽이라면 '구체적으로 어떻게 대처할 수 있을 것인가?'에 대한 대답이 진로 계획에 포함되어야 할 것이다. 또한 대처할 수 없다면 '그것을 어떻게 인식하고 수용할 것인가?'에 대해서도 신중하게 고민할 필요가 있다.

예상되는 나의 진로장벽과 가능한 대처 방법을 이 장의 후반부 적용해 보기 3에서 정리해 보자.

2) 진로지지와 활용

진로장벽이 어려움과 관련된 개념이라면, 진로지지는 개인의 진로 발달과 행동에 긍정적인 도움이 되는 자원의 개념으로 설명할 수 있다. 진로와 관련된 정보나 재원을 제공해 주는 것, 정서적인 안정감을 제공하고 자존감 향상에 도움을 주는 것 등의 지지는 개인으로 하여금 진로를 더욱 적극적으로 탐색하고 진로장벽을 해결하는 데 직·간접적인 도움이 될 수 있다.

이러한 지지는 타인으로부터 제공받는 것을 의미하는 개념이지만, 개인이 진로 실행 계획을 세우는 과정에서 필요한 지지의 내용과 정도를 파악하고, 필요한 지지를 적극적으로 요청하려는 노력 역시 중요하다. 진로 목표와 그 실행 과정에서 어떠한 도움이 필요한지를 명확하게 이해하면, 필요한 지지를 구체적으로 요청할 수 있을 뿐만 아니라 목표 달성과 계획의 실행을 더욱 효율적으로 할 수 있게 된다. 따라서 자신의 진로 목표와 계획에서 경험하게 될 진로장벽을 예상하고 대처 방안을 마련하는 것만큼, 내가 현재 제공받고 있는 진로지지의 내용과 필요한 진로지지의 내용을 정리하고, 그것을 어떻게 활용할 것인지에 대한 것도 진로 계획에 포함시킬 수 있다.

국내에서 대학생을 대상으로 부모 진로지지 척도를 개발한 이상희(2009)에 따르면, 다음과 같은 요인들이 대학생 진로에 영향을 주는 중요한 진로지지가 될 수 있다. 해당 척도는 부모에게 받는 지지를 가정하여 개발되었으나, 필요한 지지를 보다 다양하게 확보하기 위해서는 지지원을 가족뿐 아니라 친구나 멘토, 선배 등의 다양한 사회적 관계나 기관 혹은 정책 등으로 확장하여 생각해 볼 수 있다. 척도에서 제언하고 있는 아래의 요인을 살펴보고, 적용해 보기 3의 질문을 통해 나의 진로지지 자원을 점검해 보자.

1. 정보적 지지: 진로와 직업 선택에 필요한 정보와 자료를 제공받는 것. 각 직업의 장단점, 전망, 사회·경제·정치 등에 대한 전반적인 상황, 직업과 관련한 인적 정보 등
2. 대화적 지지: 진로와 관련된 고민이 있을 때 대화를 나눔으로써 얻을 수 있는 지지. 진로문제를 이해해 주고 함께 고민해주는 것, 진로 걱정을 나누고, 합리적인 결정을 내릴 수 있도록 대화하는 것, 진로와 관련한 불안이나 두려움을 표현할 수 있는 것 등
3. 정서적 지지: 진로와 관련한 스트레스 상황을 배려해 주고 개인의 의견을 존중해 주는 지지. 지나치게 스트레스를 주지 않는 것, 진로와 관련한 입장을 믿어 주고 받아들여 주는 것 등
4. 경제적 지지: 진로와 관련한 준비 과정에서 필요한 물질적인 도움을 주는 것. 진로 준비를 위한 학원비나 교재비, 학비 등의 지원, 어학연수, 유학, 시험 비용 등의 지원을 포함
5. 경험적 지지: 진로 선택과 준비에 대해 자신과 주변 사람들의 경험을 공유해 주는 것. 직장 및 구체적인 직장 생활에 대한 소개와 안내, 관련 실무자를 연결해 주는 등의 지원 포함

4. 진로 목표 설정과 계획 수립에서 고려해야 할 사항

1) "진로 목표를 설정할 때에는 가능한 구체적이고 생생하게 상상해 보라"

Oettingen과 Gollwitzer(2010)가 목표를 설정하는 전략으로 제언한 WOOP (Wish-Outcome-Obstacle-Plan) 전략이나 Murphy(2010)가 개인의 역량 향상을 촉진시키기 위한 방법으로 소개한 HARD(Heartfelt-Animated-Required-Difficult) 전략에서는 공통적으로 목표를 달성했을 때에 얻을 수 있는 결과를 가능한 생생하고 구체적으로 상상하도록 제언한다. 목표를 달성했을 때 느낄 수 있는 성취감이나 구체적인 결과물들을 이미지화하여 생동감 있게 떠올리는 것이다. 이러한 구체적인 상상은 목표 달성과 관련하여 긍정적인 감정을 경험하도록 함으로써 목표 달성을 위한 동기를 증진시키도록 돕는다. 또한 구체적인 목표를 이미지화하는 것은 해당 목표 달성을 위한 과정 역시 구체적이고 현실적으로 계획할 수 있도록 도와준다.

구체적이고 생생하게 목표 달성을 상상하기 위해서 이 장의 후반부 적용해 보기 4의 질문들에 자신의 이야기를 적어 보자.

2) "진로 목표와 계획은 언제든지 수정되고 변화될 수 있다."

진로 목표와 계획은 한 번 설정되었다고 해서 절대 변화하지 않는 것이 아니다. 또한 변화하지 않는 것이 무조건 좋은 것도 아니다. 아무리 다양한 출처를 통해서 정보를 탐색하고 체계적으로 계획을 세운다고 하더라도 실제 그것을 이루어 가는 과정에서는 계획하지 않았던 무수히 많은 일들이 발생할 수 있다. 따라서 나의 가치관을 고려한 목표를 설정하고 구체적인 계획을 세우는 것만큼이나 중요한 것은, 환경과 상황의 변화에 따라 그것을 적절하게 수정할 수 있는 유연성을 가지는 것이다. 변화하는 사회 환경에서 직업세계에 성공적으로 적응하기 위해서 유연성은 필수적인 요소가 될 수 있다. 이러한 유연성은 크롬볼츠(John D. Krumboltz)가 제언한 우연학습이론(The Happenstance Theory)에서 강조하는 과제접근기술의 중요한 요인 중 하나이기도 하다.

노력해서 수립한 계획이 예상처럼 달성되지 않을 때, 이것을 실패라고 인식할 수도 있다. 그러나 유연성을 강조하는 사람들은 이러한 계획의 수정을 실패로 생각하거나 좌절로 인식하기보다 수정의 원인을 점검하고, 선택 가능한 대안을 확인하는 태도가 필요함을 제언한다. 현대 사회처럼 변화가 빈번한 환경에서는 어떠한 상황에서도 변하지 않는 완벽한 계획을 세우는 것보다, 나의 가치관을 향해 한 가지 경로가 아니라 다양한 전략과 과정으로 도달해 나갈 수 있다는 믿음과 개방적 태도가 더욱 중요할 수 있다.

이 장의 부록에 송보라와 이기학(2010)이 크롬볼츠(Krumboltz)가 개발한 진로신념 측정도구(Career Beliefs Inventory)를 토대로 타당화한 한국형 진로신념척도(K-CBI) 중 유연성 문항을 제시하였다. 제시되는 구체적인 문항들은 진로와 관련하여 유연성을 갖는다는 것이 어떠한 의미인지 대략적으로 이해하는 데 도움이 될 수 있다. 해당 문항들을 통해서 자신이 진로와 관련해 어느 정도의 유연성을 가지고 있는지 살펴보자.

3) "아무리 노력하더라도 여전히 불확실한 것은 남아 있다."

진로 목표를 설정하고 계획을 수립하는 과정에서 다양한 정보, 특히 나의 가치관이나 욕구와 같은 자신에 대한 이해뿐 아니라 직업세계와 관련한 다양한 정보가 필수적이라는 것은 앞서 강조하였다. 나와 직업, 의사결정과 준비 과정에 대한 이해는 앞으로의 진로 목표 달성 과정에서 보다 확신을 얻고 명료한 행동지침을 마련하는 데 도움이 될 것이다. 그러나 이러한 노력에도 불구하고, 진로 선택 과정에서는 여전히 불확실한 요소들이 남아 있기 마련이다. 예를 들어, '설정한 목표가 정말 나에게 만족을 줄 것인지'에 대한 것부터 '설정한 장기/단기 목표들이 적절한 것인지', '선택한 목표가 나에게 가장 최선인지', '계획한 것에 따라 내가 정말 행동할 수 있는지', 혹은 그렇게 '계획을 실행하기 위해서 열심히 노력하다 보면 정말 목표를 달성할 수 있는지' 등 진로 목표와 계획 과정에서 100% 확신할 수 없는 수많은 질문들은 여전히 남아 있는 것이다. 따라서 진로 계획 수립과 실행 과정에서 마지막으로 점검해 볼 것은 자신이 이러한 불확실성을 어떻게 인식하고 수용할 수 있는지 생각해 보는 것이다.

불확실한 것을 위협으로 생각하고 실제 일어날 결과와 상관없이 부정적으로 반응하는 경향성을 '불확실성에 대한 인내력 부족(Intolerance of Uncertainty)'이라는 개념으로 정의하기도 한다(Ladouceur, Gosselin, & Dugas, 2000). 불확실한 상황에서 불편한 감정을 느낀다거나, 불확실성을 줄이기 위해서 노력하는 것은 자연스러운 행동이지만, 불확실한 것 자체를 큰 위협으로 생각하여 이를 계속해서 회피하고자 하는 태도는 오히려 강박적으로 행동하거나 선택을 미루는 등의 부정적인 영향을 미칠 수 있다(Freeston, Rheaume, Letarte, Dugas., & Ladouceur, 1994). 이 장의 부록에는 Freeston와 그의 동료들(1994)이 개발하고 Buhr와 Dugas(2002)가 영어로 타당화한 것을 이슬(2016)이 한국어로 타당화한 '한국판 불확실성에 대한 인내력 부족 척도'를 제시하였다. 해당 문항을 통해서 불확실성에 대해서 인내한다(혹은 인내하지 못한다)는 것이 어떠한 것을 의미하는지 대략적으로 이해해 보자. 또한 스스로 불확실성에 대해 얼마나 인내할 수 있는지 생각해 보자. 만약 진로 목표와 계획을 설정하는 과정에서 불확실한 것들이 너무나 끔찍하고 무섭게 느껴진다면, 불확실하다는 것이 자신에게 무엇을 의미하는지, 그리고 자신이 불확실한 상황에서 가장 두려워하는 결과가 무엇인지 생각해 보는 것이 도움이 될 수 있다. 어쩌면 불확실한 상황에서 발생 가능한 최악의 두려운 상황도 견뎌 낼 수 있는 힘이 본인에게 있을지도 모른다.

1. 장기 목표 및 단기 목표 설정하기

다음에 제시된 각 질문에 답하면서 내 인생에서 가장 중요한 가치관을 생각해 보고, 그에 따른 장기 목표를 설정해 보세요. 나의 이러한 장기 목표를 달성하기 위해서는 어떠한 과정이 필요한가요? 이를 토대로 각 단계에 필요한 단기 목표들을 세워 봅시다.

★ 나의 가치관과 욕구 찾기

- 내 삶에서 가장 중요한 것은 무엇인가?

_____

_____

_____

_____

- 나는 어떠한 사람으로 살고 싶은가?

_____

_____

_____

_____

- 내가 진정으로 원하는 것은 무엇인가?

_____

_____

_____

_____

★ 장기 목표 설정하기

- 내 삶에서 가장 중요한 것과 내가 진정으로 원하는 것이 이루어졌을 때, 그것은 어떤 모습으로 실현될
  수 있는가?

_____

_____

_____

- 나의 진로 장기 목표는 무엇인가?

_____

_____

_____

★ 단기 목표 설정하기

- 장기 목표를 이루기 위해서 필요한 단계에는 무엇이 있는가?

_____

_____

_____

- 각 목표는 언제까지 이루고 싶은가?

_____

_____

_____

- 각 목표가 이루어졌을 때 어떠한 결과를 얻게 되는가?

_____

_____

_____

2. 진로 계획 수립하기

　나의 장기 목표와 단기 목표는 무엇이었나요? 이 목표를 달성하기 위해서 무엇을, 언제, 어떻게 해야 할까요? 관련된 진로정보를 탐색하고, 이를 토대로 목표와 연계된 현실적인 계획을 작성해 보세요. 어떠한 계획을 세워야 할지 모호한 부분이 있다면, 어떠한 정보가 더 필요한지 적어 보고, 어떠한 방법으로 이러한 정보를 얻을 수 있는지도 계획해 봅시다.

	목표	계획
장기 목표		
단기 목표		

• 진로 계획을 수립하기 위해서, 추가적으로 탐색해야 할 정보

_____

_____

_____

3. 진로장벽 대처하기와 진로지지 확인하기

진로 목표를 명확히 하고, 그에 따른 진로 계획을 구체화하기 위해서 아래의 질문들에 답해 보세요. 진로 목표 달성 과정에서 내가 현재 경험하는 어려움과 받고 있는 지지는 무엇인지 생각해 보고, 앞으로 경험할 어려움과 필요한 지지는 어떤 것이 있는지도 작성해 보세요. 해당 질문들에 대한 대답이 진로 계획에 포함되어야 한다면, '진로 계획 수립하기' 활동지에 그 내용을 포함시켜 봅시다.

진로장벽 예상과 대처 방법 확인
① 진로 목표 달성 과정에서 내가 현재 경험하고 있는/ 앞으로 경험할 것으로 예상되는 진로장벽은 무엇인가?
② 그러한 진로장벽 중에서 내가 통제하거나 대처할 수 있는 진로장벽은 무엇인가? 대처할 수 없다고 생각한다면 그 이유는 무엇인가?
③ 각 진로장벽에 대해서 나는 무엇을 어떻게 대처할 것인가?

진로지지 확인과 확보 방법 계획
① 나는 현재 누구로부터 어떤 진로지지를 받고 있는가? _____ _____ _____
② 나의 진로 목표 달성을 위해서 구체적으로 어떠한 진로지지가 필요한가? _____ _____ _____ _____
③ 이러한 지지를 확보하기 위해서 어떠한 노력을 할 수 있는가? _____ _____ _____ _____
④ 확보한 진로지지를 어떻게 활용할 것인가? _____ _____ _____ _____

4. 목표 달성 상상하기

앞서 생각한 장기 목표를 달성한 미래의 어느 날로 잠시 이동해 보고, 목표가 달성된 그날의 하루를 가능한 구체적으로 상상해 보세요. 나는 어떠한 모습이 되어 있나요? 그리고 목표를 달성한 결과물은 나의 하루에 어떻게 드러나나요? 그날의 하루를 가능한 생생하게 상상하여 아래의 질문을 작성해 보세요.

- 오늘은 몇 년 몇 월 며칠인가?

_____

- 오늘 나의 하루는 어떻게 이루어졌는가?

_____
_____
_____
_____
_____
_____
_____

- 내가 목표를 달성했다는 것을 무엇으로 알 수 있는가?

_____
_____
_____

- 이 목표를 이루기 위해서 어떠한 노력을 하였는가?

_____
_____
_____

- 이 목표를 이루는 과정에서 어떠한 장벽이 있었고, 나는 그것을 어떻게 극복하였는가?

_____
_____
_____

- 나의 어떠한 점이 목표를 이루는 데 도움이 되었는가? 나는 그것을 어떻게 활용하였는가?

_____
_____
_____

- 지금 나의 모습은, 내가 진정으로 원하는 모습과 연결되어 있는가?

_____
_____
_____
_____

〈부록〉

■ 대학생 진로 장벽 척도(우정민 등, 2024)

	문항 내용	전혀 그렇지 않다	그렇지 않다	보통 이다	그렇 다	매우 그렇다
1	나는 취업에 필요한 정보가 빠르게 바뀌어 혼란스럽다.	1	2	3	4	5
2	나는 유망한 직업군이 바뀌어 혼란스럽다.	1	2	3	4	5
3	나는 새롭게 바뀐 취업 형태(예: 비대면 면접, AI 면접 등)가 낯설다.	1	2	3	4	5
4	나는 진로와 관련된 고민을 털어놓을 사람이 없다.	1	2	3	4	5
5	나는 진로에 대한 현실적인 조언을 해 줄 수 있는 멘토가 없다.	1	2	3	4	5
6	나는 대인관계 문제 때문에 진로 활동에 집중하기가 어렵다.	1	2	3	4	5
7	나는 진로 준비 과정에서 다른 사람과의 비교 때문에 상대적 박탈감이 든다.	1	2	3	4	5
8	나는 진로 준비 과정에서 스트레스를 많이 느낀다.	1	2	3	4	5
9	나는 진로에 대한 막연한 불안감을 가지고 있다.	1	2	3	4	5
10	나는 진로 준비 과정에서 경험하는 과도한 경쟁 때문에 힘들다.	1	2	3	4	5
11	나는 진로를 빨리 결정해야 한다는 압박감을 느낀다.	1	2	3	4	5
12	나는 학교생활에서 무기력하다.	1	2	3	4	5
13	나는 진로 활동에 소극적인 태도로 참여한다.	1	2	3	4	5
14	나는 진로 활동에 있어 자신감이 없다.	1	2	3	4	5
15	나는 진로 활동에서의 실패가 두렵다.	1	2	3	4	5

하위 요인	문항
정보 변화	1, 2, 3
사회적 관계	4, 5, 6
심리적 압박	7, 8, 9, 10, 11
실패에 대한 두려움	12, 13, 14, 15

■ 한국형 진로신념척도(K-CBI)(송보라, 이기학, 2010)

	문항 내용	전혀 그렇지 않다	그렇지 않다	보통 이다	그렇다	매우 그렇다
1	나는 내가 원한다면 언제라도 좋은 취업 기회를 얻을 수 있다고 확신한다.	1	2	3	4	5
2	지금 진로를 잘못 선택하더라도 나중에 언제라도 진로를 바꿀 수 있으니 괜찮다.	1	2	3	4	5
3	내가 원하는 직종에서 일할 수 없게 되더라도 그만큼 좋은 다른 일을 찾을 수 있다고 확신한다.	1	2	3	4	5
4	내가 어떤 직업에 종사하더라도 나는 행복하게 일할 수 있을 것이다.	1	2	3	4	5
5	나는 한 직업에서 일을 시작한 뒤, 다른 일자리로 옮겨 갈 수 있다.	1	2	3	4	5
6	내가 잘 모르는 분야의 일이더라도 좋은 일자리를 제안받는다면 일단 받아들이고 그 뒤에 일을 배울 것이다.	1	2	3	4	5
7	내가 선택한 일이 잘되지 않아도 또 다른 일을 시도할 수 있기 때문에 괜찮다.	1	2	3	4	5
8	내가 어떤 경력을 가졌든지 간에 기꺼이 다른 분야의 일로 바꿀 용의가 있다.	1	2	3	4	5

■ 한국판 불확실성에 대한 인내력 부족 척도(이슬, 2016)

	문항 내용	전혀 그렇지 않다	그렇지 않다	보통 이다	그렇 다	매우 그렇다
1	미래의 불확실함은 내가 확고한 의견을 가질 수 없게 방해한다.	1	2	3	4	5
2	미래의 불확실함은 인생을 견딜 수 없게 만든다.	1	2	3	4	5
3	미래의 불확실함은 나를 불편하게 하거나, 불안하게 하거나, 스트레스를 받게 한다.	1	2	3	4	5
4	나는 필요한 모든 정보를 가지지 못하면 좌절한다.	1	2	3	4	5
5	미래의 불확실함은 내가 충실한 생활을 할 수 없게 방해한다.	1	2	3	4	5
6	어떤 일을 실행으로 옮겨야 할 때, 불확실한 것이 있으면 나는 아무 것도 할 수 없다.	1	2	3	4	5
7	확신이 없다는 것은 내가 최고가 아니라는 것을 뜻한다.	1	2	3	4	5
8	확신이 없으면, 나는 일을 더 이상 진행할 수 없다.	1	2	3	4	5
9	확신이 없으면, 나는 일을 제대로 해내지 못한다.	1	2	3	4	5
10	미래의 불확실함은 나를 나약하게 하거나, 불행하게 하거나, 슬프게 한다.	1	2	3	4	5
11	아주 조금만 의심스러워도 나는 그 일을 계속하기 어렵다.	1	2	3	4	5
12	확신이 없다는 것은 내가 자신감이 부족하다는 것을 뜻한다.	1	2	3	4	5
13	나는 모든 불확실한 상황에서 반드시 벗어나야만 한다.	1	2	3	4	5
14	나는 살면서 느끼는 모호함 때문에 스트레스를 받는다.	1	2	3	4	5

12 진로 준비 및 실행

이전 장에서 우리는 각자의 진로 목표를 설정하고 이를 이루기 위한 계획을 세우는 방법에 대해 살펴봤다. 이 장에서는 그 계획을 실제로 실행하며, 목표를 하나씩 이루어 나가는 단계에 대해 알아보고자 한다. 계획을 수립하고 실행한다는 것은 쉬운 일이 아니기에 실행 과정에서 계획이 예상대로 진행되지 않거나, 새로운 상황이나 어려움에 부딪힐 수도 있다. 이런 과정을 잘 극복하려면 진로 준비와 실행에 도움이 되는 이론들을 이해하고, 이를 활용해 보는 것이 유용하다. 이를 통해 내가 처한 상황에 맞게 준비하고, 도전하고, 성장하는 데 중요한 방향을 제시해 줄 수 있기 때문이다. 그리고 이 장에서는 이력서 작성, 면접 준비, 첫 직장에서 살아남기와 같은 구체적인 실행에 대해 소개하고자 한다.

1. 진로 준비와 실행이란?

앞에 흥미, 적성, 가치관 등에 관한 장에서 살펴봤던 것처럼 자신의 흥미와 강점을 찾고 이를 진로를 실천하는 데 활용하는 것이 중요하다. 수퍼(Super, 1980)에 따르면, 진로 발달은 성장기, 탐색기, 확립기, 유지기, 쇠퇴기의 단계를 거친다. 이 책의 독자들은 아마도 "탐색기 단계"에 있을 것이다. 이 단계에서는 내가 무엇을 좋아하고 잘하는지 알아가며, 앞으로의 방향을 설정하고 목표를 이루기 위해 작은 계획들을 실행하는 것이 중요하다. 따라서 자신이 세운 목표가 흥미와 강점을 잘 반영하였는지, 자신의 특성을 종합적으로 잘 반영한 진로 목표라면 이를 이루기 위해 어떤 경험을 쌓아야 할지 등 구체적인 실행 계획을 세워 보아야 한다.

진로 목표를 실행하는 과정에는 자신감과 도전 의식이 중요하다. 작은 성공 경험을 지속적으로 누적하여 자신감을 키우다 보면 점차적으로 더 큰 목표에 도전할 수 있는 힘이 길러진다. 예를 들어, 취업 준비 과정에서 자격증을 취득하거나 동아리 활동에서 리더 역할을 맡는 것처럼, 비교적 도전하기 쉬운 작은 목표부터 시작하여 점차 큰 프로젝트의 책임자로 활동하는 등의 노력들을 해 볼 수 있다.

특히, 진로 목표를 실행하는 과정에는 변화에 유연하게 대처하는 태도와 능력이 중요하다. 진로적응성의 중요성을 강조했던 사비카스(Savickas, 2021)에 따르면 급격하게 변화하는 현대 사회에서 기술 발달 등으로 인해 직업 환경의 변화에 적응하고 대처하기 위해 끊임없이 새로운 것을 학습하고 유연하게 대처하는 것이 중요하다. 즉, 새로운 변화나 예상치 못한 상황을 잘 극복하는 능력을 갖추고, 불안과 두려움보다 새로운 기회로 도전적이면서 유연하게 대처하는 태도와 역량을 갖춰야 한다. 예를 들어, 면접이나 새로운 상황에서 예상치 못한 질문이나 사건이 발생하여 계획대로 진행되지 않는다면 '이것도 나를 성장 시키는 과정으로 새롭게 나타났구나'라는 긍정적인 태도로 대처해 보는 것을 추천한다.

앞 장에서 진로 목표를 고려해 봤지만 아직 뚜렷하지 않은 경우가 많을 것이다. 여기에서는 목표와 실행 계획을 연결시켜 봄으로써 목표를 더 명확히 하거나 실천을 통해 목표를 도출하거나 하는 방법을 제안해 본다. 진로 목표는 아직 명확하지 않지만 다양한 실천적인 활동을 통해 목표에 다가갈 수 있을 것이다. 예를 들어, 국내 대학원에 진학하는 것, 학위(자격)를 취득하기 위해 유학이나 해외 연수를 준비하고 그 이후의 진로를 도모하는 것, 기업체에 입사하는 것, 공무원이 되는 것, 어떤 분야로 나아가기 위해 전문 자격증을 취득하는 것 등이 지금부터 향후 몇 개월, 혹은 몇 년 동안 달려 나가게 될 목표일 수 있다.

더 구체적으로 미세한 수준의 실행 활동을 알아본다면, 진로 목표를 고려해서 어떤 수업을 수강할지, 어떤 복수전공이나 부전공을 할지, 어떤 시험 준비를 하고, 어떤 교내외 활동 등을 하고, 어떤 자격증을 언제 취득할지 등등에 대한 계획을 세워 보는 것을 추천한다. 목표와 계획을 충분히 구체화하여 한달, 일주일, 하루 단위의 실행 가능한 행동으로 나누어 기록해 보자. 물론 이 과정에서 실제로 진행해 보면 완벽하게 계획대로 실행하기 어려울 수도 있다. 때로는 계획 역시 완벽한 것이 아니었다는 것을 알게 된다. 그래도 모든 것이 다 괜찮다. 이것도 과정이고 학습이다. 애초에 사람은 미래를 내다보고 완벽한 계획을 세울 수 있는 존재가 아니고, 아무리 굳은 의지를 가지고 있다고 해도 완벽하게 실천할 수 없게 만드는 많은 일들이 일어날 수 있기 때문이다. 그러니 실망하지 말고, 계획에 맞춰 실천하는 노력을 하되, 자신이 하고 있는 노력과 수립한 계획 역시 꾸준히 점검하고, 상황에 맞게 수정하며, 계속해서 앞으로 나아갈 수 있도록 하는 것이 중요하다.

2. 이력서 작성하기

이력서는 학업 성과, 경력, 기술 등을 체계적으로 정리하여 자신이 지원하는 직무나 프로그램에 적합한 후보임을 효과적으로 전달하는 도구이다. 단순히 정보를 나열하는 문서가 아니라, 자신의 역량을 강조하고 고용주나 기관의 관심을 끌 수 있는 마케팅 자료로 작성되어야 한다.

1) 이력서의 목적

이력서의 가장 큰 목적은 고용주 혹은 기관에 자신을 소개하고 면접 기회를 얻는 것이다. 고용주나 기관은 이력서를 통해 지원자의 학력, 경험, 기술이 해당 직무나 프로그램의 요구 사항과 얼마나 부합하는지를 평가한다. 따라서, 이력서를 작성할 때는 직무나 프로그램에 필요한 역량을 강조하며, 조직에 어떻게 기여할 수 있는지 구체적으로 보여 주는 것이 중요하다.

2) 이력서의 스타일

이력서에는 다양한 스타일이 존재하며, 상황에 따라 적합한 형식을 선택해야 한다. 대표적인 이력서 스타일은 다음과 같다.

- 역순연대형(Reverse Chronological): 가장 최근 경력부터 나열하는 방식으로, 경력이 풍부한 경우 적합하다.
- 연대형(Chronological): 과거부터 현재까지의 경력을 시간 순서대로 나열하며, 성장 과정을 보여 주기에 적합하다.
- 기능형(Functional): 특정 기술과 역량을 강조하며, 경력이 적거나 직무 변경을 준비하는 경우 유용하다.
- 혼합형(Combination): 역순연대형과 기능형의 장점을 결합하여 학력과 경력을 동시에 강조할 수 있다.

대학생의 경우, 역순연대형이 일반적으로 적합하며, 인턴십과 관련된 경험이 있을 경우 이를 강조하는 데 유리하다.

3) 이력서의 구성 요소

이력서의 목적과 기능을 고려하면 효과적인 이력서의 중요성을 재차 강조해도 과하지 않다. 수많은 지원자 중에서 호기심이 가는 지원자가 되는 것이 일차 관문이라고 할 수 있다. 따라서 이력서는 간략하면서도 중요한 정보를 체계적으로 담고 있어야 한다. 효과적인 이력서를 작성하기 위해 아래의 주요 항목을 포함하는 것을 추천한다.

- 개인정보: 이름, 연락처, 이메일 주소는 상단에 명확히 기재하며, LinkedIn 프로필이나 포트폴리오 링크를 포함할 수도 있다.
- 목표(Objective): 지원 직무나 프로그램에 대한 명확하고 간결한 목표를 작

성한다. 예: "국제 비영리 단체에서 커뮤니케이션 전문가로 성장하고 싶습니다."

- ■ 학력: 가장 최근 학력을 위에 기재하고, 학교명, 학위명, 전공, 학점(GPA) 및 주요 관련 과목을 추가한다.
- ■ 경력: 직책, 회사명, 기간, 주요 역할과 성과를 구체적으로 작성하며, 데이터 와 숫자를 활용해 성과를 강조한다.
- ■ 기술: 직무와 관련된 컴퓨터 프로그램, 언어, 전문 기술 등을 나열한다.
- ■ 기타: 자원봉사, 리더십 경험, 학문적 성과 등을 포함할 수 있다.

4) 이력서 작성 시 주의할 점

짧은 시간 안에 지원자의 역량과 잠재력을 효과적으로 전달할 수 있도록, 이력 서를 작성할 때는 명확성과 간결함을 유지하면서, 지원 직무와 관련된 내용을 중 심으로 작성하는 것이 중요하다. 특히, 고용주나 담당자가 이력서를 검토하는 시 간은 제한적이므로, 핵심 정보를 빠르고 쉽게 파악할 수 있도록 구성해야 하며 맞 춤형 이력서를 통해 자신이 지원하는 직무나 프로그램에 적합한 지원자임을 강조 해야 한다. 특히, 마지막으로 꼭 해야 할 일과 하지 말아야 할 일에 대해 확인하 고 점검하기 바란다.

- ■ 해야 할 일
- − 간결하고 명확하게 작성한다.
- − 각 직무에 맞춤형으로 작성하여 관련된 내용을 강조한다.
- − 오타와 문법 오류를 철저히 검토한다.
- ■ 하지 말아야 할 일
- − 너무 많은 정보를 넣어 이력서를 길게 작성하지 않는다.
- − 지원 직무와 관련 없는 정보를 포함하지 않는다.
- − 과장되거나 사실과 다른 정보를 작성하지 않는다.

5) 이력서(resume)와 비타(Vita, Curriculum Vitae)의 차이점

이력서(Resume)와 비타(CV)는 모두 자신의 경력, 학력, 기술 등을 정리하여 고용주나 기관에 제출하는 문서이지만, 용도와 작성 방식에서 몇 가지 중요한 차이점이 있다.

- 이력서(Resume): 일반적으로 1~2페이지로 제한되며, 학력과 경력을 간결하게 요약하여 지원하는 직무에 적합한 핵심 정보를 강조하는 데 중점을 둔다. 이력서는 지원하는 직무나 프로그램에 맞게 맞춤형으로 작성되며, 채용 담당자가 짧은 시간 안에 지원자의 역량을 파악할 수 있도록 구성된다. 주로 기업 취업, 인턴십 지원 등 비학술적인 분야에서 사용된다.
- 비타(Vita, Curriculum Vitae): 길이에 제한이 없으며, 보다 상세하고 포괄적인 내용을 담는다. 학문적 성과, 연구 업적, 발표 경력, 논문 출판 등 학술적인 정보를 중심으로 작성되며, 연구직, 대학원 진학, 교수직 등 학술적, 전문적 분야에서 주로 사용된다. 비타는 지원자의 전체적인 학문적 경력과 업적을 체계적으로 보여 주기 때문에 이력서보다 내용이 길고 구체적이다.

따라서 이력서는 직무에 초점을 맞춘 간결한 문서인 반면, 비타(CV)는 학술적 경력을 포괄적으로 다룬 문서로, 지원 분야와 목적에 따라 적합한 형식을 선택해야 한다.

6) 추천서와 성적증명서

추천서와 성적증명서는 이력서 작성과 함께 지원 자료의 중요한 구성 요소로, 지원자의 역량과 신뢰성을 증명하는 데 필수적인 역할을 한다.

- 추천서: 추천서는 교수, 상사, 또는 전문가로부터 받은 지원자의 역량, 성취, 성격에 대한 신뢰성 있는 증언을 포함한다. 이력서에는 추천인의 이름과 연

락처를 포함하거나, 경우에 따라 정식 추천서를 첨부해야 한다. 추천서를 요청할 때는 최소 몇 주 전에 충분히 상의하여, 추천인이 지원자의 강점과 적합성을 명확히 전달할 수 있는 충분한 시간을 제공해야 한다. 추천인이 어떤 내용을 강조해야 할지 구체적으로 요청하는 것도 추천서의 질을 높이는 데 도움이 된다.

■ 성적증명서: 성적증명서는 지원자의 학업 성취도를 나타내며, 특히 대학원 입학이나 학술적 직무 지원 시 요구되는 경우가 많다. 최신 성적증명서를 준비해 두는 것이 중요하며, 일부 기관은 성적증명서를 출신 학교에서 직접 발송하도록 요구하므로 이를 미리 확인해야 한다. 온라인 발급 시스템을 활용하거나 학교 행정실을 통해 필요한 절차를 신속히 진행할 수 있도록 준비해야 한다.

이력서는 진로 준비 과정에서 필수적인 요소로, 체계적이고 전문적으로 작성하는 것이 중요하다. 작성 후에는 경력개발센터나 멘토의 피드백을 받아 완성도를 높이고, 자신의 강점과 목표를 효과적으로 전달할 수 있는 문서를 만들어야 한다.

3. 면접 준비하기

면접 준비는 지원자의 역량을 효과적으로 보여주는 중요한 단계로, 철저한 사전 준비와 연습이 필요하다. 성공적인 면접을 위해 지원자는 면접 대상 기관에 대한 철저한 탐색, 답변 연습, 첫인상 관리, 적절한 질문 준비, 면접 후 피드백 정리를 통해 자신을 효과적으로 표현할 수 있어야 한다.

1) 응시할 기관에 대해 탐색하기

면접을 준비하기 위해서는 지원하는 직장이나 대학원 프로그램에 대한 철저한 사전 조사가 필수적이다. 해당 기관의 가치, 목표, 역사, 주요 성과 등을 이해하면, 자신이 이 프로그램이나 직장에서 적합한 인재라는 점을 효과적으로 어필할 수 있다. 이를 위해 공식 웹사이트, 뉴스 기사, 리뷰 등을 활용하여 정보를 수집하고, 면접 중에 사용할 수 있는 질문을 미리 정리하는 것이 중요하다. 준비된 질문은 면접관에게 지원자의 진지함과 관심을 보여 줄 수 있는 중요한 기회가 된다.

2) 면접 연습하기

예상 질문에 대한 답변을 준비하기 위해 모의 면접을 진행하는 것이 유용하다. 답변은 간결하면서도 명확해야 하며, 자신감 있는 태도를 보여야 한다. 가족, 친구, 멘토와의 모의 면접을 통해 피드백을 받고, 녹화한 영상을 검토하여 개선점을 파악하면 효과적이다. 이 과정에서 중요한 점은 답변을 단순히 외우는 것이 아니라, 자연스럽고 자신감 있게 자신의 강점을 전달하는 법을 익히는 것이다.

3) 첫인상 준비와 면접 복장

첫인상은 면접 성공에 매우 중요한 요소다. 단정하고 전문적인 복장을 선택하여 긍정적인 이미지를 심어 주는 것이 필요하다. 일반적으로 어두운 색의 정장, 깔끔한 액세서리, 과하지 않은 메이크업과 향수를 추천한다. 복장이 면접 기관의 분위기와 어울리는지 사전에 확인하고, 면접 복장을 입은 상태에서 거울 앞에서 리허설을 해 보는 것도 좋은 방법이다.

4) 면접 중 질문하기

면접 중 질문할 기회가 주어진다면, 면접관에게 적절한 질문을 준비하는 것이 중요하다. 연봉, 휴가, 복리후생과 같은 주제는 첫 면접에서는 피해야 한다. 이러한 질문은 지원자가 직무에 대한 관심보다 혜택에 더 초점이 맞춰져 있다는 인상을 줄 수 있다. 대신 회사의 비전, 팀의 문화, 직무의 성장 가능성에 대해 질문하는 것이 바람직하다. 이를 통해 면접관에게 지원자가 조직의 발전과 개인적 성장을 진지하게 고민하고 있음을 전달할 수 있다.

5) 면접 후 마무리

면접이 끝난 후에는 면접관에게 감사의 인사를 전하고, 다음 단계를 묻는 것이 좋다. 귀가 후에는 가능하면 면접관에게 감사 이메일을 보내, 본인의 관심과 열정을 다시 한 번 강조할 수 있다. 또한, 면접 경험을 스스로 평가하며, 잘한 점과 개선할 점을 정리해 보는 것이 중요하다. 이러한 과정은 다음 면접을 준비하는 데 큰 도움을 줄 수 있다.

4. 첫 직장에서 살아남기

첫 직장에 입사하는 것은 새로운 삶의 장을 열어 주는 중요한 사건이다. 그러나 이는 설렘과 기대감만큼이나 낯선 환경과 과제를 마주해야 하는 도전의 시간이기도 하다. 성공적으로 직장 생활을 시작하고 성장해 나가기 위해서는 배우려는 태도와 전략적 접근이 필수적이다.

1) 직무 역량 학습 및 적응

직무 역량 학습은 자신의 역할과 책임을 명확히 이해하는 데서 시작된다. 직무 설명서를 철저히 검토하고, 상사나 동료에게 기대 사항을 확인하며 필요한 기술을 배우는 것이 중요하다. 직무를 빠르게 이해하기 위해서는 배우려는 자세와 열린 태노를 유지하며, 새로운 소프트웨어를 익히거나 문제 해결 능력을 강화하는 등 자신의 역량을 지속적으로 개발해야 한다. 또한, 팀워크와 시간 관리, 의사소통 능력을 향상시키는 데 초점을 맞추는 것도 유익하다. 이러한 과정은 단순히 업무를 익히는 데 그치지 않고, 장기적인 성장의 발판이 될 수 있다.

2) 직장 생활 적응

직장 생활 적응은 직장 환경에 대한 이해와 조직 문화에 적응하려는 노력으로 부터 시작된다. 직장에서는 상하 관계가 명확하고 협업과 문제 해결 능력이 중요 하다. 따라서 조직의 문화와 기대를 파악하고, 동료들과 긍정적인 관계를 형성하 는 것이 필요하다. 정기적으로 피드백을 요청하고 이를 개선의 기회로 삼으며, 동 료와의 협력을 통해 조직에 기여하려는 태도가 중요하다. 이러한 과정은 단순히 직장에 적응하는 것을 넘어, 장기적으로 성공적인 경력을 쌓는 데 필수적인 기반 이 된다.

3) 평가 대비 및 지속적 경력개발

평가와 지속적인 경력개발은 직장 생활에서 성공적인 성장을 위한 핵심 요소이 다. 직장에서의 평가는 자신의 업무 성과를 점검하고 개선 방향을 찾는 중요한 과 정이다. 이를 효과적으로 준비하기 위해서는 업무 기대치를 명확히 이해하고, 상 사와 정기적으로 소통하며 피드백을 요청하는 것이 필요하다. 또한, 자신의 성과 를 구체적으로 기록하고 이를 평가 시 활용할 수 있도록 체계적으로 정리하는 습 관을 들이는 것이 중요하다. 긍정적인 태도로 평가를 받아들이며, 이를 바탕으로 성장의 기회를 모색하는 자세가 필요하다.

승진과 이직은 경력 발전을 위한 중요한 전략으로, 이를 위해 지속적인 경력 개 발이 필수적이다. 업무 성과를 꾸준히 개선하며, 전문성을 인정받을 수 있는 커뮤 니케이션 전략을 활용해야 한다. 승진의 기회를 잡기 위해서는 자신의 기여도를 명확히 보여 줄 수 있는 자료를 준비하고, 동료 및 상사와 신뢰 관계를 유지하는 것이 중요하다. 이직을 준비할 때는 충분한 경험을 쌓은 후 자신의 역량과 목표에 적합한 기회를 탐색하며, 기존 직장에서의 관계를 원만하게 유지하는 것이 필요 하다. 이러한 노력은 직장에서의 성공뿐만 아니라, 장기적인 경력 설계와 발전에도 긍정적인 영향을 미칠 것이다.

4) 직무스트레스 관리 및 재정 관리

직장 생활에서의 스트레스 관리는 신체적, 정신적 건강을 유지하는 데 매우 중요한 요소다. 업무의 강도와 긴장감, 새로운 환경에 적응하는 과정에서 스트레스를 경험하는 것은 자연스러운 일이지만, 이를 효과적으로 관리하지 않으면 업무효율이 떨어지고 건강에도 부정적인 영향을 미칠 수 있다. 스트레스를 줄이기 위해서는 직장 내에서의 문제 해결뿐만 아니라, 개인적인 삶에서의 균형도 중요하다. 취미 생활이나 규칙적인 운동을 병행함으로써 일상에서의 긴장을 완화하고 긍정적인 에너지를 유지할 수 있다. 예를 들어, 요가나 명상과 같은 활동은 스트레스를 완화하고 마음을 차분하게 하는 데 도움을 줄 수 있다. 또한, 스트레스를 지나치게 억누르기보다 적절히 표출할 수 있는 방법을 찾아야 하며, 동료나 가족, 친구와의 대화를 통해 정서적인 지지를 받는 것도 중요하다.

재정 관리는 특히 초기 직장 생활에서 필수적인 부분이다. 직장 초년생으로서 급여를 어떻게 관리하느냐에 따라 경제적 안정성이 결정될 수 있다. 이를 위해 주거비, 교통비, 식비와 같은 필수 지출을 계획적으로 관리하는 것이 중요하다. 예산을 세우고, 불필요한 소비를 줄이며, 여유 자금을 저축하는 습관을 들이는 것이 좋다. 특히, 비상 자금을 마련하여 예상치 못한 상황에 대비하는 것이 필요하다. 또한, 학자금 대출이나 기타 금융 부채가 있는 경우, 이를 체계적으로 상환할 계획을 세우는 것이 중요하다. 이러한 재정 관리는 장기적인 경제적 안정성을 도모할 뿐만 아니라, 직장에서의 스트레스를 줄이는 데 기여할 수도 있다. 결국, 스트레스 관리와 재정 관리는 서로 긴밀히 연결되어 있으며, 개인과 직장 생활에서의 조화를 이루기 위한 필수적인 과정이다.

첫 직장에서의 경험은 경력 설계의 기초가 된다. 멘토를 찾고 조직에서 제공하는 경력개발 프로그램을 활용하며 자신의 목표를 능동적으로 설계해야 한다. 문제 해결 능력을 강화하고, 부정적인 상황에서도 긍정적인 태도를 유지하는 것은 장기적인 성공에 중요한 밑거름이 된다. 첫 직장은 단순히 업무를 시작하는 곳이 아니라, 자신의 진로를 구체적으로 형성해 나가는 과정이다. 계획적인 접근과 유연한 적응력, 그리고 지속적인 자기 개발을 통해 직장에서의 성공과 성장을 이룰 수 있다. 독자들이 이 가이드를 통해 새로운 환경에 자신감 있게 적응하고, 성공적인 커리어를 만들어 나가길 바란다.

12 적용해 보기

1. 빛나는 이력서 내용 요소 찾기

수많은 지원자 중에서 별이 빛나는 지원자가 되기 위해 반짝반짝한 이력서를 준비해 보세요.

항목	빛나는 강점	노력할 점
성격, 태도 등		
도전 및 수행 결과		
책임감, 협동심 등		

2. 관심 대상 기관(기업, 대학원 등)의 채용 절차 조사하기

잠정적 진로 목표 등을 고려해서 채용이나 대학원 입학을 준비하기 위해 해당 채용(입학) 과정을 조사해 보세요. 주요 절차와 각 절차에서 무엇을 중요하게 평가하는지를 정확히 파악하고 이에 상응하는 준비 사항을 정리해서 적어 보세요.

관심 대상 기관		
관심 가진 이유		
채용 절차	주요 절차 및 평가 내용	준비 사항

3. 모의 면접

조를 구성해서 모의 면접을 해 보고 이를 바탕으로 실전을 위해 더 개발하고 준비할 점을 토의해 보세요.

1) 준비

• 조 구성: 3~4명이 한 조를 구성한다.
• 구성원 역할 배분: 2명이 면접관 역할을 하고, 1명이 응시자 역할, 1명이 관찰자 역할(생략 가능)을 수행한다. 그리고 모든 사람이 다 응시자를 경험할 수 있도록 역할을 교대한다.
• 자신이 응시자라면 지원하고 싶은 기관을 잠정적으로 정한다. 모두 정한 후 조에서 공유하고 이에 맞게 면접관 역할을 하는 사람이 참고한다.
• 자신이 면접관이라면 어떤 질문을 할지를 준비해 보고, 또 자신이 응시자라면 면접관에게 어떤 질문을 할지도 정리해 본다.

2) 모의 면접 진행하기

• 면접관 역할을 맡은 조원과 응시자 역할을 맡은 조원이 실제 면접 장면처럼 역할을 수행한다.

- 관찰자는 그 과정을 전체적으로 관찰만하고 진행 과정 중에는 개입하지 않는다.
- 모든 조원이 응시자 역할을 경험할 수 있도록 이 과정을 반복한다. 상황에 따라 5~10분 정도 모의 면접을 진행한다.
- 모의 면접을 모두 경험한 후 각자 응시자, 면접관, 관찰자 역할에 따라 자신의 소감을 나눈다.
- 자신의 느낌과 조원들의 의견을 청취한 후 각자 자신이 더 개발할 점을 정리해서 발표한다.
- 모두 발표한 후 활동에 대한 소감을 나눈다.

〈부록〉

이력서의 예시 (Resume Example)

이름	홍길동(Gil Dong Hong)	성별	남	연락처 (이메일)	010-1234-5678 gildong@example.com
출생일	2002. 1. 20.			병역사항	군필
주소	서울특별시 강남구 테헤란로 123				
목표	마케팅 및 디지털 커뮤니케이션 분야에서 창의적이고 데이터 기반의 전략을 통해 조직 성장에 기여하고자 합니다.				
학력	2019.3.-2025.2.	○○대학교 경영학과, 경영학사(BBA)(예정), GPA: 3.9/4.5 주요 이수 과목: 디지털 마케팅, 소비자 행동, 데이터 분석 등			
	2016.3.-2019.2.	서울시 ○○고등학교			
주요 경력	2023.6.-2023.8.	1. ○○전자 마케팅팀 인턴(서울) • 소셜 미디어 콘텐츠 전략 개발 및 실행, 팔로워 수 15% 증가 • 데이터 분석을 통해 소비자 구매 패턴 파악 및 보고서 작성			
	2022.3.-2023.2.	2. ○○대학교 국제교류본부 학생 리더(Student Leader)(서울) • 30명의 외국인 학생을 위한 오리엔테이션 및 교류 프로그램 주관 • 프로그램 피드백 설문조사를 통해 만족도 95% 달성			
자격 및 기술	자격증	• 사회조사분석사 2급			
	기술	• 데이터 분석 도구: Python, R, Excel 등 • Adobe Photoshop, SEO 도구 활용			
	어학	• 영어(상급), 중국어(중급)			
수상	2023	• ○○대학교 경영학과 우수 학생상			
	2022-2023	• 마케팅 학회 'Brand UP' 회원			

비타의 예시 (Curriculum Vita Example)

홍길동(Gil Dong Hong)

서울특별시 강남구 테헤란로 123, 서울, 대한민국

Email: gildong@example.com | Phone: 010−1234−5678

학력(Education)

○○대학교 경영학과, 경영학사(BBA) 2020년 3월~2024년 2월(예정) GPA: 3.9/4.5

연구 및 프로젝트(Research & Projects)

- 소비자 행동 연구: 디지털 광고 효과 분석 **2023년 9월~현재**
  - 연구 지도교수: 김영희 교수
  - 다양한 디지털 광고 형식이 소비자 구매 의사결정에 미치는 영향 분석
- 캠퍼스 내 지속 가능한 소비 캠페인 설계 및 실행 **2022년 3월~2023년 6월**
  - 500명 이상의 학생 대상 설문조사 및 데이터 분석

발표(Presentations)

- "디지털 광고가 소비자 신뢰에 미치는 영향," 한국마케팅학회 연례회의, 2023년
- "소셜 미디어와 소비자 관계 구축," 서울대학교 연구 발표회, 2022년

출판(Publications)

Hong, G. D., Kim, C., & Lee, J. (2023). Digital advertising and consumer deci−
sion−making: A behavioral study. *Journal of Marketing Trends*, 15(2),
45−67.

경력(Experiences)

1. 2023년 6월~2023년 8월, ○○전자 마케팅팀 인턴
   주요 업무: 소비자 데이터 분석 및 마케팅 전략 보고서 작성
2. 2022년 3월~2023년 6월, 연구 조교(Research Assistant) ○○대학교 경영학과
   주요 활동: 소비자 행동 연구 프로젝트 지원, 문헌 리뷰, 설문 설계 및 데이터 정리

기술(Skills)

분석 도구: Python, SPSS, Excel

언어: 영어(상급), 중국어(중급)

진로 자서전

PART 05

CHAPTER 13 나의 진로 이야기

생애설계와 진로탐색

13 나의 진로 이야기

여러 대학생의 진로 이야기를 읽어 보고 사례의 주인공에 대해 분석해 보세요. 그리고 그들의 진로 이야기를 통해 나의 진로 이야기를 만들어 보세요.

솔이의 이야기

나는 어릴 때부터 부모님의 말씀을 잘 따랐다. 부모님은 나를 사랑하고 나를 위해 모든 것을 해주고 싶어 하신다. 내가 안정적이고 행복한 삶을 살 수 있기를 바라시고 내가 순탄하게 살아갈 수 있도록 길을 안내해 주신다. 나는 부모님의 기대 속에서 꿈을 키우고 부모님의 말씀처럼 공부를 열심히 하고, 좋은 대학에 들어가 안정적인 직업을 가지려고 했다. 다행히 좋은 대학에 입학했고, 앞으로 전공과 관련된 직업을 잘 선택하면 될 것 같다는 안도감으로 대학 생활을 하는 중이다. 그런데 어느 순간부터 대학 생활이 무미건조하고 내가 뭘 하고 있는지 모르겠다는 생각이 들기 시작했다. 지금까지 부모님이 정해 주신 것을 잘 따라오면서 좋은 성과를 얻었지만, 지금은 허공에서 갈 길을 잃고, 공중 부양하고 있는 물체 같은 느낌 마저 들 때가 있다. 하지만, 나와 달리 주변 친구들은 정말 활기차게 바쁘고, 씩씩하게 새로운 것을 찾아 하고 있는 것 같다. 그렇다고 그 친구들도 구체적인 진로 목표가 있는 것은 아니다. 그중 한 친구는 '아직은 모르지만 이렇게 하다 보면 내가 뭘 원하는지 정확히 알 수 있을 것 같아서 동아리, 봉사활동, 홍보대사 등 활동을 해 보는 중이야. 여러 경험을 하다 보면 제일 원하는 것이 무엇인지 알 수 있지 않을까'라는 말을 했다. 무엇을 위해 열정을 쏟았는지 명확하지도 않은데 이렇게 열정적으로 사는 모습을 보니 나는 한동안 더 혼란스러워졌다. 나는 지금 무엇을 위해, 어떻게 대학 생활을 하고 있는거지? 나는 앞으로 어떻게 나의 진로를 찾고, 나의 미래를 설계해야 하지?

■ 솔이의 진로와 관련된 현재 상태는 어떠한가요?

■ 솔이는 왜 이런 상태에 빠졌을까요?

■ 솔이는 친구를 통해 무엇을 느껴야 할까요?

■ 솔이에게 어떤 조언을 해 줄 수 있을까요?

나는 어릴 때부터 음악을 좋아하고 여러 악기를 접해 보고 싶어 음악학원을 열심히 다녔다. 음악을 좋아하다 보니 취미는 온통 음악과 관련된 것밖에 없다. 중·고등 학교 때 주요 과목의 수업 시간에도 글보다 음표나 소리가 맴도는 것 같아 공부가 재미없고 하기도 싫었다. 그래도 부모님 말씀처럼 공부는 중요하기 때문에 성적은 중간 정도로 유지하여 인문계 고등학교에 입학했고, 최근에는 대학에 입학해서 신입생으로 즐겁게 학교생활을 하고 있다. 음악을 좋아하지만, 예술가는 가난하다는 말에 동의하기에 진로를 음악 분야로 생각해 본 적은 없다. 대학에 와서 음악 관련 동아리에서 여러 친구, 선배들을 보면서 연주자나 작곡가와 같은 직업이 아니더라도 음악을 활용하는 직업 분야가 있을 것 같다는 생각을 하게 되었다. 대학을 졸업하면 취업하겠지만 어떤 회사에 취업하고 어떤 일을 할지는 사실 너무 막막하다. 그래서 기왕이면 좋아하는 음악과 관련된 일을 하고 싶다는 생각이 들어 미래의 삶과 직업 속에 음악이 중요한 부분을 차지하면 좋겠다. 이를 위해 대학생의 본분을 열심히 하면서 좋아하는 음악에도 진심을 담아 다양한 활동을 하고 있다. 전공 분야는 인문학이라 음악과 직접 관련이 없지만, 음악과 인문학은 분명히 삶의 중요한 영역이라는 것을 확신하기에 미래의 직업을 설계하는 데 나에게 영양소가 되어 줄 것이라 생각하고 열심히 알아보며 적극적으로 활동하고 있다.

■ 진우의 진로와 관련된 현재 상태는 어떠한가요?

■ 진우가 진로 목표를 설정할 때 고려한 요소들은 무엇인가?

■ 진우는 진로 목표를 실현하기 위해 어떤 노력이 더 필요할까요?

■ 진우의 사례를 통해 무엇을 느끼나요?

　　수연이는 대학교 2학년 학생이며 상경 계열 전공에 재학 중이다. 고등학교 시절 가정 형편이 좋지 않아 취업에 유리한 학과를 고민하다 부모님의 권유로 상경 계열에 진학하였다. 1년 정도 공부해 보니 전공 과목에 별로 흥미를 느끼지 못하고 있다. 경제적 어려움 때문에 아르바이트를 하면서 공부를 열심히 병행하여 좋은 성적을 유지하려고 노력했으나 학업에 대한 의욕이 점차 떨어지면서 수업 참여와 과제 제출이 불규칙해지기 시작했다. 수연이는 자신의 흥미나 적성을 고려해 봤지만 결국 중요한 것은 빨리 취업하여 경제적 어려움을 해결하는 것이기 때문에 상경 계열 전공에서 경영이나 마케팅 위주로 진로를 고려하고 있다. 수연이는 여러 고민과 어려움 속에서 힘겹게 대학 생활을 하고 있는 중이다. 가장 크고 직접적인 어려움인 경제적 어려움, 그 외에도 학업 성적 저하와 막연한 진로 준비 때문에 현재는 매우 무기력과 혼란 속에 빠져 있다. 심지어 지난 학기에는 학사경고라는 충격적인 일이 벌어졌다. 수연이는 어디서부터 무엇이 잘못되었는지를 생각해 봤지만 아직 뚜렷하게 문제를 파악하지 못하고 있다. 아르바이트를 하면서도 성적 관리를 잘했던 학기를 보면 아르바이트만의 문제는 아닌 것 같다. 취업을 위해 전공 공부를 열심히 해야 하지만 잘 되지 않아 지금은 모든 것이 힘들고 포기하고 싶은 심정이다. 수연이는 적성과 흥미가 상경 계열과 잘 맞지 않다는 생각이 조금 들기는 하지만 아직 취업을 포기할 마음이 없기 때문에 자신의 무기력과 게으름을 탓하고 있다.

- 수연이의 진로와 관련된 현재 상태는 어떠한가요?

- 수연이가 진로 목표를 설정할 때 고려한 요소들은 무엇인가요?

- 수연이가 현재 경험하고 있는 어려움은 어떻게 복합적으로 작용하고 있나요?

- 수연이가 겪고 있는 진로 어려움의 초점은 무엇인가요?

- 수연이에게 어떤 조언을 해 줄 수 있나요?

나는 대학 졸업을 앞두고 이제야 뭘 하고 싶은지, 어떻게 노력해야 할지를 조금 알 것 같다. 사실 나는 대학생이 되기 전에는 막연히 대학에 가고, 그리고 직업을 가지면 된다고 생각했다. 하지만 대학에 입학하니 새로운 시작과 동시에 나는 수많은 질문과 고민 속에 빠지게 되었다. 그렇다고 누군가 답을 주는 것도 아닌, 내가 답을 갖고 있는 것도 아니었다. 그리고는 혼란과 방황 속에서 휴학과 복학을 반복하면서 진로를 찾기 위해 자신과의 싸움으로 대학 생활을 이어왔다. 그 과정에서 완전한 답을 찾지는 못했지만, 방황 속에서 배우고 흔들림 속에서 조금씩 나만의 길을 만들어 가고 있다. 돌이켜 보면 어릴 때 나는 꿈도, 목표도 없었다. 하고 싶은 것도 없고, 특별히 잘하는 것도 없었다. 아주아주 평범한 학생인 것은 내 잘못은 아니다. 나는 그냥 이런 나이다. 대학생이 된 후는 친구들과 나를 비교하면서 꿈도 없고 잘하는 것도 없는 나 자신이 너무나 싫었다. 대학을 포기하고 싶었다가 용기가 없어서 계속 다니기는 했지만 정말 힘겹게 4학년까지 왔다. 3학년 때 친구를 따라 교내 센터에서 진행하는 지역 사회 연계 사업의 대학생 지원단 활동을 하면서 내가 사회 문제에 관심이 많다는 사실을 알게 되었다. 나는 환경 문제의 심각성을 인식하면서 환경과 관련된 분야에서 일하고 싶어졌다. 환경이라는 단어가 단순히 하나의 낱말이 아니라 나의 머릿속에서 번개 같은 모습으로 번쩍했다. 그 활동 이후에 다양한 환경 문제와 관련된 시민단체, 기업, 환경과 관련된 학문 분야 등을 찾아보면서 그중 가장 현실적이면서 나의 꿈을 이루는 길을 찾으려고 한다. 아직은 모든 것이 다 명확한 것은 아니지만 서서히 나의 길을 가고 있다는 느낌은 들고 있어서 기분이 좋다. 4학년까지의 대학 생활을 돌아보면 방황 속에서 포기하지 않은 것이 가장 잘한 일 중에 하나이다. 자퇴하고 아르바이트를 하면서 살아갈 자신이 없어서 복학하기는 했지만, 포기하지 않고 방황 속에서 스스로를 믿고 격려해 준 결과인 것 같다. 나도 진로 목표를 찾을 수 있다. 나도 이렇게 고민하면서 노력하고 있으니 나만의 길이 있을 것이다. 이런 생각뿐만 아니라 여러 활동을 시도하면서 다양하게 탐색했던 것들이 나를 여기까지 오게 한 것 같다. 나처럼 진로 목표가 없는 친구라면 자신을 믿고, 진로를 찾는 행동을 해 보는 것을 적극적으로 추천한다.

- 지아의 진로와 관련된 현재 상태는 어떠한가요?

- 지아가 그 동안 고민했던 부분은 무엇인가요?

- 지아가 진로 목표를 찾게 된 계기는 무엇인가요?

- 지아의 우연한 활동이 왜 진로 목표에 영향을 주게 되었나요?

- 지아의 조언은 어떤 점에서 유용한가요?

4명의 대학생의 진로 고민 사례를 읽어 보고 다음과 같은 질문을 통해 자신의 진로 이야기를 만들어 보세요.

- ■ 개인 활동: 다음 질문을 활용해서 자신의 진로 이야기 글쓰기(진로 자서전 쓰기)
- ■ 조별 활동: 조별로 다음 질문에 대해 토론하기

❶ 앞의 사례 중에 나의 이야기와 가까운 친구는 누구인가요? 또는 나의 이야기와 부분적으로 비슷한 친구는 누구인가요?

1-1. 어떤 모습이 비슷하고 어떤 모습이 다른가요?

1-2. 비슷한 친구가 없다면 나의 진로 이야기의 핵심 줄거리를 정리해 보세요.

❷ 현재 나는 어떤 모습으로 생활(대학 생활, 아르바이트 등)하고 있나요?

❸ 나의 활동, 학업 성적, 주요 경력 등은 무엇인가요?

❹ 나는 꿈이나 진로 목표가 있나요?

4-1. 있다면 무엇인가요? 어떤 계기나 이유로 그 꿈(목표)을 갖게 되었나요?

4-2. 없다면 아직 찾지 못한 이유는 무엇인가요?

❺ 나는 어떤 사람인가요? 성격, 적성, 흥미 등 영역에서 나는 어떤 특성이 있나요?

5-1. 스스로 자신이 어떤 사람이라고 생각하나요?

5-2. 다른 사람들(가족, 친구, 동료 등)은 나를 어떤 사람으로 생각하나요?

❻ 나는 무엇을 추구하고 무엇을 중요하게 생각하나요? 현재 또는 미래의 나에게 중요한 것은 무엇인가요?

❼ 내가 두려워하거나 자신이 없는 부분은 어떤 것인가요?

⑧ 내가 두려워하고 자신 없는 부분을 어떻게 대처(회피, 포기, 도전, 극복 등)하고 있나요?

⑨ 나의 행동은 전반적으로 어떤 방향(긍정, 부정 등)으로 가고 있나요?

⑩ 나의 꿈과 큰 목표를 위한 작은 목표와 행동들은 무엇인가요?

참고 문헌

고용24. https://www.work24.go.kr

다중지능검사. https://www.multiiqtest.com

사람인. https://www.saramin.co.kr

잡코리아. https://www.jobkorea.co.kr

커리어넷. https://www.career.go.kr

클린아이 경영정보 공개시스템. https://www.cleaneye.go.kr

클린아이 잡플러스. https://job.cleaneye.go.kr

표준국어사전(국립국어원). https://stdict.korean.go.kr

한국고용정보원. https://www.keis.or.kr/

LinkedIn. https://www.linkedin.com

O*NET Online. https://www.onetonline.org

권석만 (2008). 긍정 심리학. 학지사.

권석만, 유성진, 임영진, 임지영 (2014). 성격강점검사 전문가 지침서. 인싸이트.

김봉환, 이제경, 유현실, 황매향, 공윤정, 손진희, 강혜영, 김지현, 유정이, 임은미, 손은령
        (2010). 진로상담이론: 한국 내담자에 대한 적용. 학지사.

김원호, 김동일 (2011). 장애대학생용 진로장벽검사 개발 및 타당화 연구. 장애와 고용,
        21(2), 5-25.

김은영 (2002). 한국 대학생 진로탐색장애검사(KCBI)의 개발 및 타당화 연구. 한국심리학회
        지: 상담 및 심리치료, 14(1), 219-240.

김인자, 우문식 역 (2020). 긍정심리학, 물푸레.

김지연, 고홍월, 김영화, 이혜은, 인효연 (2022). 학교상담자를 위한 진로상담의 이론과 실
        제. 학지사, 252.

남선혜, 이영민 (2024). 4년제 대졸 취업자의 NCS 직업기초능력 요구 분석. 한국진로창업경
        영학회지, 8(3), 103-120.

박혜주, 김은주, 천성문 (2012). 대학생 취업장벽 척도 개발. 대학생활연구, 18(1), 1-27.

송보라, 이기학 (2010). 한국형 진로신념척도(K-CBI) 개발과 타당화 연구. 한국진로교육연

구, 23(2), 1-22.

우정민, 이선영, 황선영, 이길영 (2024). 대학생이 인식하는 진로장벽이 진로결정자율성, 관계성, 유능성에 따라 진로동기에 미치는 영향. 아시아교육연구, 25(2), 203-241.

윤덕원, 우혜정, 강봉준, 김윤호 (2016). 국가직무능력표준(NCS) 직업기초능력 기반의 직군별 요구역량. 한국콘텐츠학회논문지, 16(12), 383-398.

이상희 (2009). 대학생의 부모 진로지지 척도 개발 연구. 상담학연구, 10(3), 1539-1553.

이 슬 (2016). 한국판 불확실성에 대한 인내력 부족 척도 타당화. 가톨릭대학교 대학원 석사학위 청구논문.

이아라, 손보영, 이주영 (2018). 다문화 청소년용 진로장벽 척도 개발 연구. 상담학연구, 19(5), 257-272.

이아라, 이주영 (2020). 고령자용 진로장벽 척도 개발 연구. 학습자중심교과교육연구, 20(3), 221-241.

이영일, 황선주, 정성광 (2020). 직원 채용과정에서 NCS 교육과 기업 요구 역량에 기반한 잡 미스매칭 연구. 전문경영인연구, 23(1), 373-395.

임승환, 김택호, 박제일 (2008). 대학생 내담자의 MBTI 성격유형과 MMPI 척도에서 나타난 임상적 특징. 청소년상담연구, 16(2), 91-104.

전연숙, 강혜영 (2010). 탈북여성의 진로장벽척도 개발 및 구인타당도 검증. 상담학연구, 11(4), 1483-1500.

최인수 역 (2005). 몰입. 한울림.

통계청 (2023). 2023년 사회조사 결과 보도자료(복지, 사회참여, 여가, 소득과 소비, 노동).

Allport, G. W., Vernon, P. E., & Lindzey, G. (1960). *A study of values: A scale for measuring the dominant interests in personality.* Houghton Mifflin.

Arthur, M. B., & Rousseau, D. M. (1996). *The boundaryless career.* New York, NY: Oxford University Press.

Bandura, A. (1973). *Aggression: A Social Learning Analysis.* Englewood Cliffs, NJ: Prentice-Hall.

Bandura, A. (1977). Self-efficacy: Toward a unifying theory of behavioral change. *Psychological Review, 84*(2), 191-215.

Barrick, M. R., & Mount, M. K. (1991). The Big Five personality dimensions and job performance: A meta-analysis. *Personnel Psychology, 44*(1), 1-26.

Bateman, T. S., & Crant, J. M. (1993). The proactive component of organizational behavior: A measure and correlates. *Journal of Organizational Behavior, 14*(2), 103-118.

Bateman, T. S., & Crant, J. M. (1999). Proactive behavior: A test of the role of self−efficacy and goal orientation in the prediction of proactive behavior. *Journal of Organizational Behavior, 20*(5), 527−547.

Blustein, D. L., & Duffy, R. D. (2020). Psychology of working theory. S. D. Brown & R. W. Lent (Eds.), *Career development and counseling: Putting theory and re−search to work (3rd ed.)*, Wiley, (2020), pp. 201−235.

Buhr, K., & Dugas, M. J. (2002). The intolerance of uncertainty scale: Psychometric properties of the English version. *Behaviour research and therapy, 40*(8), 931−945.

Carver, C. C., & Scheier, M. F. (2012). 성격심리학: 성격에 대한 관점[*Perspetives on per−sonality, Seventh Edition*]. (김교헌 역). 서울: 학지사(원전은 2011에 출판).

Crant, J. M. (2000). Proactive behavior in organizations. *Journal of Management, 26*(3), 435−462.

Czikszentmihalyi, M. (1990). *Flow: The psychology of optimal experience* (pp. 75−77). New York: Harper & Row.

Deci, E. L., & Ryan, R. M. (1985). *Intrinsic motivation and self−determination in hu−man behavior.* Springer Science & Business Media, NY.

Fay, D., & Frese, M. (2001). The concept of personal initiative: An overview of validity studies. *Human performance, 14*(1), 97−124.

Flores, L. (2013). Empowering life choices: career counseling in the contexts of race and class. In N. Gysbers, M. Heppner, & J. Johnston (2013). *Career counseling: Contexts, processes, & techniques,* (pp. 49−74). American Counseling Association.

Freeston, M. H., Rheaume, J., Letarte, H., Dugas, M. J., & Ladouceur, R. (1994). Why do people worry?. *Personality and individual Differences, 17*(6), 791−802.

Gardner, H. (2006). *Multiple Intelligences.* New York: Basic Books.

Gati, I., Krausz, M., & Osipow, S. H. (1996). A taxonomy of difficulties in career deci−sion making. *Journal of counseling psychology, 43*(4), 510.

Gati, I., Landman, S., Davidovitch, S., Asulin−Peretz, L., & Gadassi, R. (2010). From career decision−making styles to career decision−making profiles: A multi−dimensional approach. *Journal of Vocational Behavior, 76*(2), 277−291.

Hall, D. T. (2004). The protean career: A quarter−century journey. *Journal of voca−tional behavior, 65*(1), 1−13.

Heppner, M., & Jung, A. (2013). Gender and social class: Powerful predictors of a life journey. In W. B. Walsh, M. Savickas, & P. J. Hartung (Eds.), *Handbook of Vocational Psychology (4th ed.)* (pp. 81−102). New York, NY: Routledge.

Holland, J. L. (1996). Exploring careers with a typology: What we have learned and some new directions. *American psychologist, 51*(4), 397.

Holland, J. L. (1997). Making Vocational choices (3rd ed.) Psychological Assessment Resources.

Kira, M., Balkin, D. B., & Kashyap, V. (2017). Proactive personality and occupational stress: An empirical study in India. *International Journal of Organizational Analysis, 25*(1), 90−112.

Krumboltz, J. D. (2009). The happenstance learning theory. *Journal of Career Assessment, 17*(2), 135−154.

Krumboltz, J., & Hamel, D. (1977). *Guide to career decision−making skills.* New York: Educational Testing Service.

Ladouceur, R., Gosselin, P., & Dugas, M. J. (2000). Experimental manipulation of in−toleranceof uncertainty: a study of a theoretical model of worry. *Behaviour Research and Therapy, 38*, 933−941.

Lent, R. W., Brown, S. D., & Hackett, G. (1994). Toward a unifying social cognitive theory of career and academic interest, choice, and performance. *Journal of Vocational Behavior, 45*(1), 79−122.

Maslow, A. H. (1943). A theory of human motivation. *Psychological Review google schola, 2*, 21−28.

Maslow, A. H. (1970). *Motivation and Personality (2nd ed.).* New York: Harper & Row.

McClelland, D. C. (1973). Testing for competence rather than for "intelligence." *American Psychologist, 28*(1), 1−14.

Murphy, M. (2010). *Hundred percenters: Challenge your employees to give it their all, and they'll give you even more.* McGraw−Hill.

OECD (2005). DeSeCo(Definition and Selection of Competency). *Executive Summary.* Paris: OECD.

Oettingen, G., & Gollwitzer, P. M. (2010). Strategies of setting and implementing goals: Mental contrasting and implementation intentions. *Psychological Review, 117*(4), 1101−1133.

Parker, S. K., & Collins, C. G. (2010). Taking stock: Integrating and differentiating multiple proactive behaviors. *Journal of management, 36*(3), 633−662.

Parker, S. K., & Collins, C. G. (2010). Taking stock: Integrating and differentiating multiple proactive behaviors. *Journal of Organizational Behavior, 31*(2), 149−174.

Peterson, G. W., Lumsden, J. A., Sampson, J. P., Jr., Reardon, R. C., & Lenz, J. G.

(2002). Using a cognitive information processing approach in career counseling with adults. In S. G. Niles (Ed.), *Adult career development: Concepts, issues and practices (3rd ed.,)* (pp. 98−117). National Career Development Association.

Peterson, Sampson, & Reardon (1991). Career development and services: A cognitive approach. Cengage Learning.

Roberts, B. W., & Wood, D. (2006). Personality development in the context of the neo−socioanalytic model of personality. In D. K. Mroczek & T. D. Little (Eds.), *Handbook of personality development* (pp. 11−39). Lawrence Erlbaum Associates Publishers.

Roberts, B. W., Caspi, A., & Moffitt, T. E. (2003). Work experiences and personality development in young adulthood. *Journal of personality and social psychology, 84*(3), 582.

Roberts, B. W., Walton, K., Bogg, T., & Caspi, A. (2006). De-investment in work and non-normative personality trait change in young adulthood. *European Journal of Personality: Published for the European Association of Personality Psychology, 20*(6), 461−474.

Ryan, R. M., & Deci, E. L. (2000). Self−determination theory and the facilitation of in−trinsic motivation, social development, and well−being. *American Psychologist, 55*(1), 68−78.

Saca, N., Gati, I., & Kelly, K. R. (2008). Emotional and Personality−related aspects of career−decision−making difficulties. *Journal of Career Assessment. 16*(4), 403−424.

Savickas, M. L. (2013). Career construction theory and practice. In Steven D. Brown & Robert W. Lent (Eds.), *Career development and counseling: Putting theory and research to work (2nd ed.)*(pp. 147−183). Hoboken, NJ:Wiley.

Savickas, M. L. (2021). Career construction theory and counseling model. In S.D. Brown & R. W. Lent (Eds.). *Career development and counseling: Putting theory and research to work* (pp. 165−200). John Wiley & Sons.

Schein, E. H. (1978). *Career dynamics: Matching individual and organizational needs.* Reading/Addison−Wesley.

Schein, E. H. (1996). Career anchors revisited: Implications for career development in the 21st century. *Academy of management perspectives, 10*(4), 80−88.

Seibert, S. E., Crant, J. M., & Kraimer, M. L. (1999). Proactive personality and career success. *Journal of Applied Psychology, 84*(3), 416−427.

Seligman, M. E. P., & Csikszentmihalyi, M. (2000). Positive psychology: An introduction.

American Psychologist, 55(1), 5−14.

Seligman, M. E. P., & Maier, S. F. (1967). Failure to Escape Traumatic Shock. *Journal of Experimental Psychology, 74*, 1−9.

Seligman, M. E. P. (2003). Positive psychology: Fundamental assumptions [Editorial]. *The Psychologist*, 16(3), 126−127.

Schwab, K. (2016). *The fourth industrial revolution*. New York, NY: Crown Business.

Spencer, L. and Spencer, S. (1993). *Competency at Work: Models for Superior Performance*. John Wiley and Sons, Inc., New York.

Super, D. E. (1970). *Work values inventory: Manual*. Houghton Mifflin.

Super, D. E. (1980). A life−span, life−space approach to career development. *Journal of Vocational Behavior, 16*(3), 282−298.

Super, D. E. (1982). The relative importance of work: Models and measures for mean−ingful data. *The Counseling Psychologist, 10*, 95−103.

Super, D. E., & Nevill, D.D. (1985). *The Salience Inventory*. Palo Alto, CA: Consulting Psychologists Press.

Swanson, J. L., & Woitke, M. B. (1997). Theory into practice in career assessment for women: Assessment and interventions regarding perceived career barriers. *Journal of Career Assessment, 5*, 443−462

Tsaousis, I., & Nikolaou, I. (2004). Exploring the relationship of personality and emo−tional intelligence with effective performance. *Journal of Managerial Psychology, 19*(3), 310−318.

World Economic Forum(2023). *Future of Jobs Report 2023*. World Economic Forum.

저자 소개

고홍월
서울대학교 대학원 박사(교육상담 전공)
충남대학교 자유전공학부 교수
여성가족부 청소년상담사 1급

김태선
미국 볼주립대학교 대학원 박사(상담심리 전공)
아주대학교 교육대학원 교수
한국상담심리학회 상담심리사 1급

윤은희
미국 플로리다대학교 대학원 박사(상담 및 상담자교육 전공)
미국 플로리다주립대학교 교육심리및학습체계학과 교수
미국 National Certified Counselor_NCC

이아라
서울대학교 대학원 박사(교육상담 전공)
경상국립대학교 심리학과 교수
한국상담심리학회 상담심리사 1급

이주영
서울대학교 대학원 박사(교육상담 전공)
단국대학교 상담학과 교수
한국상담심리학회 상담심리사 1급

인효연
미국 펜실베니아주립대학교 대학원 박사(상담자교육 전공)
국립공주대학교 교육학과 교수
한국상담학회 전문상담사 1급

정애경
미국 미주리-콜롬비아 주립대학교 대학원 박사(상담심리 전공)
경인교육대학교 교육학과 교수
한국상담학회 전문상담사 1급

생애설계와 진로탐색

초판발행   2025년 2월 28일

지은이   고홍월·김태선·윤은희·이아라·이주영·인효연·정애경
펴낸이   노 현

편 집   배근하·김용순
기획/마케팅   허승훈
표지디자인   Ben Story
제 작   고철민·김원표

펴낸곳   ㈜ 피와이메이트
                 서울특별시 금천구 가산디지털2로 53, 210호(가산동, 한라시그마밸리)
                 등록 2014. 2. 12. 제2018-000080호
전 화   02)733-6771
f a x   02)736-4818
e-mail   pys@pybook.co.kr
homepage   www.pybook.co.kr
I S B N   979-11-7279-091-2 93370

정 가   15,000원

박영스토리는 박영사와 함께하는 브랜드입니다.